한국사
스크랩

한국사 스크랩

문화재 기자의 우리 역사 톺아보기

초판 1쇄 발행 2015년 7월 20일 ＼**초판 3쇄 발행** 2015년 12월 20일
지은이 배한철 ＼**펴낸이** 이영선 ＼**편집 이사** 강영선 ＼**주간** 김선정
편집장 김문정 ＼**편집** 김종훈 김경란 하선정 김정희 유선＼**디자인** 김회량 정경아 이주연
마케팅 김일신 이호석 김연수 ＼**관리** 박정래 손미경 김동욱

펴낸곳 서해문집 ＼**출판등록** 1989년 3월 16일(제406-2005-000047호)
주소 경기도 파주시 광인사길 217(파주출판도시) ＼**전화** (031)955-7470 ＼**팩스** (031)955-7469
홈페이지 www.booksea.co.kr ＼**이메일** shmj21@hanmail.net

© 배한철, 2015
ISBN 978-89-7483-727-3 03910
값 12,900원

이 도서의 국립중앙도서관 출판시도서목록(CIP)은 e-CIP 홈페이지(http://www.nl.go.kr/ecip)에서
이용하실 수 있습니다.(CIP제어번호: CIP2015018232)

삼성언론재단 총서는 삼성언론재단 '언론인 저술지원 사업'의 하나로 출간되는 책 시리즈입니다.

한국사 스크랩

문화재 기자의
우리 역사 톺아보기

배한철 지음

서해문집

독일의 역사학자 레오폴트 폰 랑케Leopold von Ranke는 "'있었던 그대로의 과거wie es eigentlich gewesen'를 밝혀내는 것이 역사가의 사명"이라고 정의했다. 또 저명한 역사학자 중 하나인 E. H. 카Edward Hallet Carr는 "역사는 현재와 과거의 끊임없는 대화다"라는 명언을 남겼다. 역사를 기록할 땐 당대의 상황이나 정치적, 문화적, 인류학적 측면 등 과거의 모든 것과 지속적인 상호작용이 필요하다는 것이다. 그러나 역사를 기술하는 데 있어 자기감정에 치우치지 않고, 또 과거를 있는 그대로 규명하는 일이 가능할까?

당장 과거를 있는 그대로 되살리기에는 남은 자료가 절대적으로 부족하다. 따라서 역사가들은 역사를 설명할 때 텍스트 사료, 구전, 고고학적 발견을 모두 참고해야만 한다. 전하는 사료가 빈곤하다 보니 고고학에 대한 의존도가 높아져 가는 추세다. 그러나 적잖은 고고학적 성과가 제시되고 있는데도 사료에 기반한 기존 학설이 뒤집히는 사례는 드물다.

단군과 그가 세웠다는 고조선은 현재의 우리와 얼마나 깊은 관계일까, 고구려·백제·신라는 고조선의 후예라는 인식을 공유했을까, 일본이 한반도 남부를 지배했다는 이른바 임나일본부설은 전적으로 허구일까? 신문사 기자인 내가 취재 과정에서 만난 역사학자들은 일반인들이 단순하게 생각하는 이런 문제에 대해 뜻밖에도 명쾌하게 답하지 못했다.

대개 역사는 자국 국민들에게 자긍심을 심어 줘, 민족정체성을 확립하는 데 활용된다. 그러다 보면 역사의 좋은 부분을 과장하고 나쁜 면은 지우거나 윤색하는 경향으로 흐르기 마련이다. 일본이 고대 한반도 남부에 식민지를 건설했다거나, 고구려가 중국의 지방정부라는 주장이 대표적 사례라 하겠다. 우리 역시 일제강점기 이후 일본의 민족말살 정책에 대항하기 위해 민족주의를 이데올로기로 삼아 역사를 아전인수로 해석하는 폐단이 발생한 것을 부정할 수 없다. 특히 근래 인터넷과 SNS가 발달하면서 재야 사학계의 주장이 이런 종류의 이기들을 통해 확대되고 재생산되면서 실증주의를 지향하는 기성 사학계의 입지가 크게 좁아져 가는 양상이다. 최초의 고조선이 반만년 전에 세워지기는 했을까, 고구려와 형제국인 백제가 고조선을 계승했다는 흔적이 전혀 없는데 우리가 고조선의 후예라고 할 수 있을까, 고조선이 우리의 선조라면 고조선 영역 내에 속했던 여진족 등 우리가 멸시해 온 수많은 오랑캐는 어떻게 설명해야 할까, 영산강을 위시해 한반도 남부에서 일본식 무덤이 마구 쏟아져 나오는데 왜가 한반도 남부에 없었다고 할 수 있을까?

재야 사학계가 박제화된 교과서 속 역사를 현실로 끌어내고 역사 문제에 대한 국민적 인식을 높여 전 국민의 역사학도화를 이끈 공로는 분명히 높이 사야 할 것이다. 사람들은 자국의 찬란하고 웅대한 역사에 감동하기 마련이다. 하지만 애국심에 치우쳐 일방적 시각으로 역사를 해석하는 것은 과거와 끊임없는 대화를 하는 자세라 볼 수 없다. 김부식의 예만 해도 그렇다. 역사를 전공한 사람들 일부가 김부식을 형편없는 사대주의자이며 그가 펴낸 《삼국사기》 역시 우리 고대사를 망친 역사서로 쉽게 단정 지어 폄훼하는 것을 보면 적잖이 놀란다.

광대한 영토를 호령한 고구려는 우리 국민이 역대 한민족 국가 중 가장 자랑스러워하는 국가다. 중국 정부는 그런 고구려가 자신들의 지방 정권에 불과하다고 주장해 한중 사이 고대사 논란을 불러왔지만 이를 결정적으로 무력화시킨 것은 고려의 존재다. 고구려 지배 계층의 후손인 고려 태조 왕건은 고토 회복을 국시로 내걸었으며 결정적으로 고구려의 국호를 계승했다. 이런 의식을 이어받아 이질적인 고구려, 백제, 신라를 단일 역사로 묶은 사람이 바로 김부식이다. 임나일본부 역시 마찬가지다. 4세기부터 200년간 왜가 한반도 남부를 지배했다는 《일본서기》를 부정하는 사료 증거로서 단골로 제시되는 것도 《삼국사기》다.

내가 문화재 담당 기자를 처음 맡았을 때 마침 진도 앞바다에서 청자가 발견됐다는 문화재청 발표가 있었다. 대부분 매체에서는 단순히 청자 발굴 소식만을 전했지만 나는 "왜 바다 속에는 청자만 있고 백자 등 다른 시대 도자기, 다른 종류의 유물은 안 나오는 걸까" 하는 의문을 품었다. 실제 조사해 보니 해저 발굴지 스물한 곳 중 열여덟 곳에서 고려 말 청자만 수습됐다. 나머지 세 곳도 비슷한 시기 중국 배와 중국 유물이었다. 비슷한 내용의 과거 기사나 논문을 검색해 보기도 했지만 전혀 찾을 수 없었다. 취재 결과 고려 말 왜구의 침입으로 조운 시스템이 붕괴하면서 공납 체계가 해상에서 육로로 전환된 게 이유였다는 사실을 확인할 수 있었다. 사소한 호기심에서 출발했지만 제법 그럴싸한 기사를 만든 기억이 난다.

다른 주제도 같은 과정을 거쳤다. 미로 속에 갇혀 해답을 찾지 못한 채 포기한 주제도 많았다. 그러나 늘 새로운 관점에서 역사를 해석하려고 했으며 한쪽에 치우치지 않은 균형 잡힌 시각을 유지하려고 노력했다. 독자들이 이 책을 통해 한국사나 문화재에 대한 관심과 인식을 조금이라도 높일 수 있게 된다면 더 바랄 게 없다.

2015년 7월
지은이 배한철

스
크
랩
#
1

고
려

이
전

스크랩#2

고려 이후

스크랩#1

고려
이전

단군은 실존했나?

독립운동가이자 단학회 회장을 지낸 계연수가 1911년 편찬했다는 《환단고기桓檀古記》는 1980년 세상에 모습을 드러낸 후 폭발적 관심을 불러왔다. 여기에 실린 〈삼성기三聖記〉는 고조선 이전 환국의 시대가 있었고 그 출현 시기가 기원전 7000년을 상회한다고 묘사했다. 환국의 영역은 남북 5만 리, 동서 2만 리이며 모두 열두 나라로 이뤄져 있었다고 서술한다. 또한 이 시기 우리 민족이 이미 철기도 제작·사용했다고 했다.

한국 상고사는 이 책이 기술하는 것처럼 찬란한 영광의 시대였을까? 단군이 실존 인물인지, 고조선의 역사가 얼마나 됐는지 그리고 어디에 위치했는지는 여전히 풀리지 않는 수수께끼다. 《환단고기》는 고조선의 역사를 인류 최초의 메소포타미아 문명과 동급의 시대로 끌어올리지만 실상 중국 동북 지방과 한반도에서 청동기가 쓰이기 시작한 때는 기원전 900년에서 많이 앞서지 않는다는 게 고고학계의 통설이다.

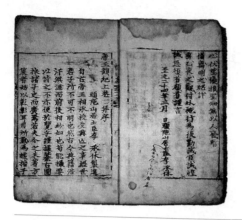

우리 민족을 단군의 후손으로 규정한 《제왕운기》.
보물 418호, 개인 소장

단군에 관한 현존하는 가장 오래된 문헌은 13세기에 발간된 일연의 《삼국유사》다. 《삼국유사》는 《고기古記》 등을 인용했다고 밝히고 있지만 정체가 분명치 않다. 무엇보다 고조선과 《삼국유사》가 발간된 고려시대 간 시간 격차가 실로 아득하다.

이런 연유로 조선총독부는 단군을 전면 부정하는 것도 모자라 아예 한국사에는 청동기시대가 없었고 한반도에서 문명의 여명은 중국계 이주민의 식민지인 위만 왕조에서 비롯한다고 주장하기도 했다. 하지만 해방 후 청동기의 존재가 확인되고 고조선의 실체도 증명되면서 그들의 주장이 허구임이 드러났다.

고조선은 기원전 108년 한나라에 의해 멸망한 뒤 오랫동안 우리 민족의 기억에서 잊혀 있었다. 그러다가 고려 후기에 역사의 전면에 등장한다. 장기간에 걸친 대몽 항쟁 속에 민족 정체 의식의 근원으로서 또는 민

단군에 관한 최초의 기록인 《삼국유사》.
국보 306호, 국립중앙박물관 소장

족의 수호신으로서 단군과 고조선을 재인식하게 되고 이것이 《삼국유사》
와 《제왕운기帝王韻紀》(1287년 이승휴가 지은 역사서) 등에 반영되었다고 학계에
서는 본다. 《제왕운기》에선 신라, 고구려, 남북 옥저, 동·북 부여, 예, 맥
등을 모두 단군의 자손으로 분류했고 삼한 70여 나라의 군장 역시 모두
단군의 후예라고 정의했다.

　　물론 국내에서도 단군신화가 고려 후기에 창작되었다고 단정하는 학
자가 없진 않다. 존화사대尊華事大 의식이 팽배하던 조선 후기에는 중국의
고대 주나라 성현이 세웠다는 기자조선이 부각됐고 주술적 요소가 가미
된 단군신화를 불경하게 여기는 경향이 있었다. 단군 민족주의는 일제강
점기 민족주의 역사가들에 의해 꽃을 활짝 피운다. 민족주의 역사가들은
민족사가 몰락하게 된 이유가 민족정신이 쇠퇴한 데서 비롯한다고 보고
고조선사를 위시해 상고사에 대한 연구를 활발히 전개했다.

단군신화를 부정하는 측에서는 단군신화 중 후대의 것으로 판단할 수 있는 요소가 적지 않다고 깎아내린다. 단군의 조부 환인桓因의 어원을 불교에서 수미산須彌山 도리천忉利天에 거주하며 사방을 진호하고 선악을 주관하는 신으로 숭배받는 '석가제환인타라釋迦提桓因陀羅' 또는 '제석환인帝釋桓因'에서 찾는다. 불교가 우리나라에 들어온 때는 4세기 이후로 언급돼 왔는데, 따라서 단군신화도 그 이후에 성립됐다는 것이다. 풍백, 우사, 운사 등은 도교적 용어로 이해한다.

신화는 생성된 후 구전돼 오다가 어느 시기에 문자로 정착된다. 표기된 단어가 후대의 것이라고 해서 신화 자체를 그 시기의 것으로 단정해서는 안 된다. 이런 견해를 가진 학자들은 환인이라는 단어는 하늘님·천신이란 뜻을 고려시대의 불교 용어로 표현한 것에 불과하다고 주장한다. 단군신화에 보이는 도교적 단어도 그런 측면에서 받아들여야 한다는 것이다.

고조선의 중심지를 놓고서도 수도가 평양에 있었다는 설, 요하 유역에 있었다는 설, 처음에는 요하 유역에 있었다가 기원전 3세기 초 연나라의 침입을 받고 평양으로 중심지를 옮겼다는 설 등이 대립한다.

중국 고대 지리서인 《산해경山海經》과 역사서 《관자管子》, 《전국책戰國策》, 《위략魏略》 등에서도 고조선을 간략하게 언급하지만 부정확한 측면이 있고 후대에 고쳐진 흔적도 여럿이다. 기자가 동래해 고조선을 세웠고 고조선이 주 왕실을 받들려고 했다느니 하는 이들 사서의 기록은 한나라 초 이후 윤색되었다고 학계에서는 본다.

고고학 쪽으로 눈을 돌려보자. 비파형 동검을 살펴보면, 고조선의 영역을 대략 가늠할 수 있다. 비파형 동검은 고조선은 물론 동호東胡, 산융山戎 등 다양한 부족의 산물이다. 길림吉林성(지린 성) 장춘長春에서 한반도 남단, 서로는 북경까지 장대한 지역에서 출토된다.

국내 박물관에서 흔히 볼 수 있는 단경식 短莖式(자루 부분이 짧은 검)은 요하 동쪽에서 주로 발굴되며 특히 요령遼寧성(랴오닝 성) 지역에 집중된다. 학계에서는 이 단경식을 고조선 것으로 평가한다. 요령성 신금현 쌍방雙房과 요양 遼陽의 이도하자二道河子에서 발견된 동검은 기원전 12세기 무렵의 것으로 짐작된다. 이를 통해 기원전 1100년 고조선이 만주를 중심으로 활동했고, 요하를 그 중심지로 단정하는 데 크게 무리가 없다.

단경식 동검은 세형동검으로 변하는데, 후기 고조선의 대표 유물이다. 기원전 3세기 고조선은 절체절명의 위기에 처한다. 연나라 소왕(재위 기원전 311~기원전 279)이 조선의 서방

황해도에서 출토된 요령식 동검. 고조선의 특징적 유물이라는 점에서 고조선식 동검이라고도 하며, 비파형 동검이라고도 한다. 국립중앙박물관 소장

을 공격해 2000리 땅을 빼앗았다고 중국 사서엔 기록되어 있다. 이 시기 고조선의 지표 유물인 세형동검 출토지의 북방 한계선은 북한 서쪽 지역이다. 따라서 기원전 4세기까지는 고조선이 요동을 장악하고 있던 게 확

실하며 이후 연나라의 공격을 받아 영토가 크게 축소되고 곧이어 기원전 194년 위만에 나라를 강탈당했다가 기원전 108년 한나라의 침공을 받고 역사에서 사라졌다고 할 수 있다.

고조선의 전통을 계승한 위만조선이 멸망한 후 중국 왕조의 군현이 그 자리를 차지했고, 400여 년이 경과한 뒤 고구려·백제·신라가 고조선 강역의 외곽 지역에서 차례로 국가를 건설한다. 그러나 세 나라는 더 이상 고조선 계승 의식을 갖지 않았다. 고구려와 신라는 기원을 하늘에서 찾아 천손임을 자처하는 독자적 건국신화를 가졌고, 백제 왕조는 부여·고구려에서 시작됐음을 확고히 했다. 왜 삼국이 고조선을 계승하지 않았는지는 미스터리다.

그렇지만 황해도 구월산九月山의 삼성사三聖祠에서 단군을 기리는 제사가 행해졌다는《제왕운기》의 기록에서도 볼 수 있듯 민간에서는 민족의 수호신으로서 단군에 대한 인식이 수천 년간 맥을 이어 왔다.

낙랑비석은
가짜?

고조선의 마지막 왕조인 위만조선의 수도는 현재 북한의 평양이었고 위만조선이 기원전 108년 한나라에 멸망한 뒤 식민 통치 기관인 한사군漢四郡 중 하나인 낙랑樂浪이 들어선 곳도 평양 주변이라는 게 국내 주류 사학계의 입장이다. 이들은 일제강점기 때 집중적으로 발굴된 평양 일대의 낙랑 유적을 증거로 제시한다.

하지만 낙랑군이 한반도 안에 있었는지, 아니면 중국 베이징 근처 요서 지역에 있었는지를 놓고 학계의 갑론을박은 여전히 치열하다. 주류 학계의 견해는 진실 여부를 떠나 중국의 동북공정이 구체화되면서 국내에서 입지가 점점 좁아지고 있다. 재야 학계에서는 "낙랑군 수성현遂城縣에는 갈석산碣石山이 있는데 만리장성의 기점"이라는 《사기》〈태강지리지〉 등의 기록을 근거로 '요서설'을 제시한다. 또 낙랑과 우리 민족을 동일시하는 중국 사서 기록도 많아 낙랑의 정체를 두고서도 해석이 다양하다.

'낙랑대윤장樂浪大尹章'이
새겨진 봉니.
국립중앙박물관 소장

'낙랑부귀樂浪富貴',
'낙랑예관樂浪禮官'이 새겨진
기와.
국립중앙박물관 소장

'낙랑 평양설'은 경성제국대학 교수였던 이마니시 류今西龍(1875~1932)가 처음 주장했다. 조선사편수회와 조선사편찬위원회를 이끌면서 한국사를 왜곡·말살하는 데 주도적 역할을 한 인물이다. 1910년대 대동강 유역을 돌며 낙랑군 발굴 성과를 연거푸 발표하면서 주목을 받기도 했는데 "그가 가는 곳마다 낙랑 유적이 나온다"라는 얘기가 무성할 정도였다.

그런 그는 평안남도 대동군 토성리 토성을 답사하던 중 '낙랑예관樂浪禮官'이라고 쓰인 와당瓦當(무늬를 새기는 기와 끝부분)과 '낙랑태수장樂浪太守長'이 새겨진 봉니封泥(죽간이나 목간으로 된 공문서를 봉인하기 위해 문서를 묶은 끈의 이음매에 점토 덩어리를 붙이고 인장을 눌러 찍은 것) 등을 찾아냈다고 주장했다. 그러면서 이를 근거로 토성이 낙랑군 '치소治所(관청)'라고 단정했다.

그런데 그 뒤 북한 학계가 토성을 재발굴한 결과 위조품이라는 가능성이 제기됐다. 봉니는 점토 상태에서 봉인했는데, 수집된 유물 중에는 구운 것들이 존재했다. 중국에서 속현 단위의 관인이 확인된 사례가 없다는 사실도 위조설을 뒷받침했다.

게다가 이마니시는 더 큰 논란을 부른 유적을 수습했다. 같은 해 평안남도 용강군 해운면 운평동(현재 온천군 성현리 어을동) 평야 지대의 길가에서 '점제현비秥蟬縣碑'를 발견했다고 공개한 것이다. 《한서》〈지리지〉에 점제현은 낙랑군의 스물다섯 현 가운데 하나로 표시돼 있다. 비석은 화강암 재질에 높이 166센티미터, 너비 108센티미터, 두께 13.2센티미터이며 무게는 0.5톤가량이다. 건립 연대는 후한의 원화元和 2년(85)으로 추정됐다. "신이 점제 지역을 도와주어 바람과 비가 순조롭고, 곡식이 풍성하게 잘되고, 백성이 오래 살고, 도둑이 일어나지 않고, 무서운 짐승들이 나타나지 않고, 나들이를 해도 다 무사하도록 해 달라"는 글이 새겨져 있다. 이글은 점제현의 장이 산신에 제사 드리는 내용으로 해석된다.

한편 조선총독부 고분 조사위원이던 후지타 료사쿠藤田亮策(1892~1960)는 논문을 통해 점제현비 발견 경위를 설명했다. 이마니시가 용강군 해운면에 도달해 어을동 고분을 샅샅이 뒤졌지만 무늬 있는 와당을 하나도 발견하지 못했고 이에 크게 실망한 이마니시가 면장에게 '고적이 없느냐'고 물으니 면장은 '고비古碑 하나가 있으나 해독할 수 없다'라고 했다. 그는 다음 날 그곳으로 가서 비문의 탁본을 떠 왔으며 비문 중 '점제'라는 글자를 보고 낙랑군의 점제현과 연관이 있음을 알게 됐다고 논문을 소개했다.

그리고 비석은 "열수列水가 이곳에서 나와서 서쪽으로 점제현에 이르러 바다로 들어간다"라는 《한서》〈지리지〉의 기술과 비교되면서 "열수는 곧 대동강이며, 따라서 대동강 일대가 낙랑의 땅이었다"는 주장을 입

점제현비 탁본.
국립중앙박물관 소장

일제가 평양 일대에 낙랑군이 존재했다는 것을 증명하는 데 활용한 점제현비.
《조선고적도보》 제1권(1915)

증하는 확정적 증거로 거론돼 왔다. 하지만 비석이 발견된 곳은 용강 온천과 귀성 온천이 있는 유명한 온천 지대다. 땅속도 아니고 유명 휴양지의 평야 지대 길 옆에 있었다는 비석이 세워진 지 2000년이 지나서야 모습을 드러낸 것을 어떻게 설명할 수 있을까? 또한 고려와 조선시대 문헌에 비석에 대한 기록이 전혀 남아 있지 않은 점도 이해하기 어렵다.

게다가 이마니시는 면장의 증언을 듣고 비석을 찾아냈다면서도 면장이 누구인지 밝히지 않았다. 비석 사진도 남겼는데 사진 속엔 면장과 마을 원로들이 비석 옆에 있을 법하지만 동네 어린이가 대신하고 있는 점도 이상하다.

북한은 점제현비를 많이 연구했다. 1995년 북한에서 발간된《조선고고연구》에 〈물성 분석을 통하여 본 점제비의 진면모〉라는 논문이 실렸다. 논문은 점제현비 화강석의 형성 연대가 주위의 화강석과 다르며 오히려 요하 지방과 비슷해 그곳에서 만들어 옮겨 왔다고 볼 수 있다는 결론을 내렸다.

일각에서는 비석의 재료가 자연석이고, 전형적인 고구려비 형태를 띠는 데다 문장과 서체가 광개토대왕릉비와 흡사하다는 점에서 초기 고구려 비석이라고 주장하기도 한다.

과연 낙랑군은 한반도에 있었을까? 더 객관적인 자료가 필요한데 후기 고조선의 지표 유물이라 할 수 있는 '세형동검' 출토지의 북방 한계선은 서西북한 지역을 넘지 않는다. 그렇더라도 편린片鱗에 불과한 고고학적 성과물을 갖고 낙랑군이 평양 부근에 위치했다고 단정 짓는 것도 위험하다. 개연성만 말할 수 있을 뿐이다.

3~4세기 한반도 **남부**는
왜인들의 앞마당?

而倭以辛卯年來渡海破百殘○○○羅以爲臣民

왜가 신묘년(391)에 바다를 건너와 백제, ○○, 신라를 쳐 깨뜨리고 신민으
로 삼았다.

중국 길림성 집안集安현 퉁거우通溝에서 발견된 고구려 광개토대왕릉
비의 한 대목이다. 이 내용은 8세기에 편찬된 일본의 고대 사서 《일본서
기日本書紀》에서 묘사하는 이른바 '임나일본부任那日本府'설이 허구가 아님
을 입증하는 결정적 자료로 자주 언급돼 왔다. 《일본서기》는 일본 고대 야
마토大和 왕국의 진구황후神功皇后가 3세기 중엽 신라를 정벌해 신라 국왕
의 항복을 받았으며 이어 4~6세기 야마토 왕국이 한반도의 낙동강과 섬
진강 사이 육가야六伽倻를 정복해 직할 식민지로 200년간 통치했다고 기
록했다.

광개토대왕릉비.
일본이 4세기부터 200년간 한반도 남부를 지배했다는 임나일본부설의 증거 중 하나로
활용되었다.《조선고적도보》제1권(1915)

임나일본부는 한일 고대
사의 최대 논란거리다. '임나'
가 의미하는 바나 그 위치를
놓고 양국 학계는 여전히 백
가쟁명百家爭鳴식 해석을 내놓
는다. 일본 사학자들은 백제
와 신라는 물론 고구려까지도
임나일본부를 통해 야마토 왕

끊임없이 역사 왜곡 논란을 빚어 온 《일본서기》.

국에 신복臣服해 조공을 바쳤다고 강변해 왔다. 일제는 19세기 말 조선을
병합할 때 이 같은 주장을 조선 침략과 지배의 도구로 적극 활용했다. 일
본이 한국을 식민지로 점령하는 것은 옛 강토를 복구하기 위함이라고 합
리화했다.

중국 사서엔 어떻게 기록되었을까? 중국 남조南朝 시대 송나라의 정
사正史인《송서宋書》〈왜전倭傳〉엔 "421년 왜왕 진珍이 사신을 보내고 공물
을 바쳤다. 스스로 사지절도독使持節都督이면서 왜, 백제, 신라, 임나, 진한
秦韓, 모한慕韓 등 여섯 나라의 제군사諸軍事 안동대장군 安東大將軍 왜국왕
이라 불렀다. 표表를 올려 바른 벼슬을 내려 달라고 요청하자 안동장군安
東將軍 왜국왕에 봉했다"라고 적혀 있다. 중국이 한반도에 대한 왜의 군사
권을 공식 인정한 문헌이다.

국내에서 이와 관련된 고고학 유물도 심심찮게 출토된다. 낙동강 하
류 지역인 김해·부산 등 금관가야 지역에서 3~4세기 왜계 유물이 집중
적으로 발굴되고 있다. 부산 동래 패총貝塚, 복천동 고분군, 조도 패총, 화

명동 고분군, 김해 예안리 고분군, 양동리 고분군, 부원동 패총, 봉황대 유적, 대성동 고분군, 창원 성산 패총, 삼동동 분묘군, 진해 용원 유적 등에서 토기, 석제품, 철기, 동경, 동촉, 동과銅戈(격창), 패貝제품 등 다양한 왜계 유물이 수습되고 있다.

임나일본부설과 관련해 을사조약에 반대해 중국으로 망명한 우국지사 김택영金澤榮(1850~1927)은 "임나일본부설이 과장은 있을지언정 완전한 날조는 아닐 것"이라고 인정했다. 과연 일본 쪽 주장대로 그들이 고대 한반도 남부를 지배했을까?

광개토대왕릉비에는 "399년 백제가 노객奴客(종)이 되겠다던 맹세를 어기고 왜와 화통해 대왕(광개토대왕)이 친히 평양으로 내려왔다. 이때 신라가 사신을 보내 대왕에게 아뢰기를 '왜인이 국경으로 가득 밀려와 성곽과 해자를 파괴하고 있어 구원의 명을 청한다'고 했다. 대왕이 인자한 마음으로 신라의 충성을 칭찬하고 사신을 되돌려 보내며 군사를 파견하겠다는 뜻을 전했다"라고 기술되어 있다. 또 "400년 보병과 기병 5만을 파견해 신라를 구하게 했다. 군대가 남거성男居城(경기도 여주)을 출발해 신라성新羅城에 이르렀을 때 왜가 그 안에 가득했지만 관군이 이르자 달아났다. 관군이 급히 이를 추격해 임나가라任那加羅의 종발성從拔城(김해 분산성)에 이르러 성을 복속시켰다"라고 적혀 있다.

《일본서기》에선 이보다 앞선 3세기 중엽 신라를 징벌했다고 했지만 당시 야마토 왕국은 대한해협을 건너 신라를 침공할 만큼 강력하지 않았다. 《삼국지三國志》〈왜인전倭人傳〉에 따르면 야마토의 히미코卑彌呼 여왕은 238년 대방군帶方郡(한사군 중 하나) 태수에게 사절을 보내 중국 위나라 황제에게 공물을 바치고 '친위왜왕親魏倭王'이라는 칭호를 책봉받았다. 247년에는 일본 열도 내 구노국舊奴國(구나국이라고도 하며, 3세기 무렵 일본에 있었다고 전하는 나라)이 무력으로 정복하려 위협하자 급히 사신을 대방군에 보내 도움을 청했다. 위나라 황제는 사절 장정張政 일행을 야마토에 파견했다. 야마토는 사절을 내세워 그들 배후에 강국強國인 위나라가 있음을 과시해 위기를 면했다.

《삼국지》〈왜인전〉은 위나라 사절이 야마토에 와서 수년간 체류하며 직접 관찰한 것들을 담고 있어 일본 학자들도 정확성을 인정하는 사료다. 하지만 이 사료 어디에도 한반도 남부를 침공해 점령했거나 신라를 정벌해 항복을 받았다는 대목은 없다. 야마토는 이웃 소국 구노국의 침입조차 막아 낼 수 없을 만큼 허약해 신라 정벌을 단행할 여력이 없는 약소국에 불과했다.

400여 년의 세월이 흘러 8세기에 오면 야마토 왕국은 강성해져 율령을 정비하고 일본을 통일하기에 이른다. 그러자 독자적 역사를 정립할 필요를 느껴 712년《고사기古事記》를 편찬해 역대 왕의 계보를 체계화하고, 8년 후인 720년《일본서기》를 발간해 내용을 보강했다. 이때《고사기》에서 야마토의 초대 남자 군왕을 진무神武천황으로 변신시켜 시기를 끌어올리고, 히미코와 이요壹與여왕에 해당하는 자리에 진구神功황후라는 섭정 황후를 만든 것으로 판단된다. 물론 가야 등 임나 지역에 기반을 둔 다양한 세력이 야마토 왕국을 건설하는 데 참여하면서 그들의 한반도 시절 기록이《일본서기》에 부기附記하는 방식으로 덧붙여졌을 개연성도 충분하다.

이런 연유로 일부 일본 학자들은 진무천황부터 제9대 가이카開化천황까지는 가상의 천황이라며 실재를 부정한다. 황국사관皇國史觀을 정립한 원흉으로 비판받는 일본 역사가 쓰다 소키치津田左右吉(1873~1961)마저 1920년대 《일본서기》에 설화적 이야기가 많고 중국 문헌을 그대로 베껴 윤색한 부분이 부지기수라는 사실을 자세한 고증을 통해 증명하기도 했다.

에도시대 화가인 우타가와 토요쿠니가 그린 진구황후.
리츠메이칸 대학교 소장

이런 기록과 발굴되는 유물 등을 봤을 때 당시 한반도 남부에 왜 세력이 많이 존재한 것은 김택영의 얘기처럼 부인할 수 없는 사실이다. 자체 군사력을 갖춘 수장급 세력도 한반도 해안 지역을 무대로 활동했으리라 쉽게 이해할 수 있다. 하지만 한반도 왜인 대부분은 긴키近畿 지방(교토, 나라, 오사카 인근 지역)의 야마토 왕권과 무관한 규슈 출신이었으며 서로 긴밀하게 연결돼 있지 않은 독자 세력이었다. 가야 연맹과 연합해 신라를 공격하는 등 정치적 사건에 관여하기도 했지만 그들이 한반도에 정주한 우선 목적은 교류였다.

한반도 남부 지역과 일본 열도는 신석기시대 이래 교류가 활발했으며 지리적으로 근접한 북부 규슈 지역이 구심점 역할을 했다. 3~4세기

생활 유적에서 수습되는 왜계 토기의 대부분이 규슈계인 사실이 이를 잘 뒷받침한다. 고대 규슈인이 한반도의 선진 문화와 신소재를 손에 넣기 위해 가장 가깝거나 그것을 입수할 수 있는 조건이 갖춰진 지역으로 도항해 일정 기간 머물거나 정주했으리라 추측된다. 그 지역이 바로 낙동강 하류였다. 이를 통해 당대 세계 최고 수준을 자랑하던 가야 철 등 변한弁韓과 가야의 앞선 문화를 수입해 갔을 가능성이 크다. 실제 3세기 말부터 5세기 초까지 열도의 전기 고분과 일부 중기 고분에서 낙동강 하류에서 수입된 것으로 추정되는 철제품이 다량 발굴되었다.

5세기 초 광개토대왕의 남진으로 금관가야가 몰락해 금관가야와 왜의 교류도 단절되고 임나의 흔적도 사라진다. 신라는 대신 고구려의 구원으로 국가 위기를 극복했을 뿐만 아니라 낙동강 하구의 곡창을 장악하면서 이후 급속한 국가 발전의 토대를 닦게 된다.

그러나 왜인들은 100년 뒤인 6세기 초 한반도 서남부의 영산강 일대에 다시 모습을 드러낸다. 바로 영산강 일대에 집중적으로 형성된 전방후원분前方後圓墳의 주인공들이다. 전방후원분은 일본 귀족의 무덤 양식이다. 그러면 이들은 또 누구일까?

일본이 편찬한 '문화재 약탈 증거'
《조선고적도보朝鮮古蹟圖譜》

《조선고적도보》는 우리나라 고적의 사진과 그림 등 도판圖版을 모은 책이다. 총독부 후원으로 일본인 학자 세키노 다다시關野貞, 다니이 사이이치谷井濟一, 구리야마 준이치栗山俊一 등이 1915년부터 1935년까지 20년에 걸쳐 낙랑시대부터 조선시대까지 고적과 각종 유물을 집대성했다. 책은 가로 31.2센티미터, 세로 42.1센티미터 크기에 전체 15권으로 구성돼 있으며 사진이 총 6632장 실려 있다.

《조선고적도보》제1권 표지, 1915년부터 1935년까지 총 15권이 나왔다.

책은 순수한 고고학적 조사를 표방했지만 일본 사학계의 역사 만들기를 실증할 자료 연구에 집중하고 우리 역사를 일본 시각으로 해석해 비판을 받는다. 그와 동시에 우리 역사를 연구하는 데 있어 상세한 실측 자료로서 독보적 중요성을 인정받고 있기도 하다. 기록이 거의 남아 있지 않은 문화재 복원에 결정적인 참고 자료로 긴요하게 쓰이며, 일제 시대 불법 반출 증거로 자주 활용되기도 한다.

현재 10원짜리 주화에는 국보 20호 다보탑 형상이 새겨져 있다. 5공화국 시절 계단 윗부분 기둥 사이에 위치한 작은 조각상을 두고서 '불상'이라는 설이 돌았다. 또 독실한 불교신자인 노태우 대통령 후보가 한국은행에 압력을 행사해 불상 문양을 새겨 넣었고 그 덕분에 대통령에 당선됐다는 소문도 파다했다.

경주 불국사를 방문해 확인해 보면 다보탑에 있는 실제 조각은 불상이 아닌 '사자상'이다. 탑 기둥 중앙부에 비록 입 부분이 떨어져 나갔지만 늠름한 자세의 사자 한 마리를 볼 수 있다. 사자상은 원래 탑 모서리에 위치해 있었다. 모서리는 네 개지만 사자상은 하나밖에 없다. 1916년 이전까지만 해도 두 마리 이상이 존재했으나 이후 하나를 제외한 나머지가 감쪽같이 사라져 버렸다. 《조선고적도보》에 그 증거가 잘 남아 있다. 1916년에 간행된 제4권에 다보탑 사진이 게재돼 있는데 탑 기둥 중앙부 사자상과 함께 모서리 사자상을 추가로 볼 수 있다. 누군가 둘 중 하나를 가져간 것이 분명하다.

반환 운동이 활발하게 펼쳐지고 있는 평양 율리사지 고려시대 5층석탑은 《조선고적도보》 제6권(1918)에 실려 있다. 높이 3.86미터의 팔각석탑이다. 남한에 있는 팔각석탑은 경기도 양주 수종사 5층탑과 강원도 평창 월정사 9층탑뿐으로 매우 희귀하다.

《조선고적도보》제4권(1916)에 실린 다보탑. 이때까지만 해도 탑 중앙부의 사자상이 둘이었으나 현재는 하나뿐이다.

《조선고적도보》는 약탈품 여부를 확인하는 중요한 자료가 되기도 한다. 일본 최초 사설 미술관인 슈코칸 뒤뜰에 있는 평양 율리사지 탑은 제6권(1918)에서 볼 수 있다.

제13권에 수록된 원각사지 10층 석탑은 발간 당시인 1933년 상부가 분리돼 있다.

율리사지 탑은 오구라 그룹 창업자이자 거물 군납업자인 오구라 기하치로가 일제강점기인 1910년대에 경기도 이천에 있던 향교방 5층석탑과 함께 일본으로 유출한 것으로 문화재 전문가들은 판단한다. 두 탑 모두 오구라 호텔 맞은편 슈코칸 (일본 최초 사설 미술관) 뒤뜰에 있다. 탑 윗부분 상류부가 훼손됐고 수평이 맞지 않아 벌어진 틈에 시멘트가 채워져 있는 것으로 파악된다.

서울 종로구 탑골공원에 있는 국보 2호 원각사지 10층석탑은 제13권(1933)에 실려 있다. 특이하게도 그림에서 탑은 10층이 아닌 7층이다. 바로 뒷장 사진에 상부 세 층이 탑신 바로 옆에 놓여 있는 사진이 있다.

《조선고적도보》 제4권에 실린 1910년대 불국사와 석굴암.

분리된 탑은 1946년 2월 미군 공병대가 기중기를 사용해 세 층을 원래 자리로 올려놓으면서 하나로 합쳐졌다. 이후 공해와 산성비로 부식이 심해지면서 2000년에 유리 보호각이 덧씌워졌다.

우리 문화재 중 최고 걸작으로 꼽히는 석굴암(국보 24호)도 이 책에서 보수 전 모습을 살펴볼 수 있다. 문화재 부실 관리의 대표적 사례로 꼽힌 궁륭천장(불교의 우주관을 상징하는 원형 천장) 균열은 이미 《조선고적도보》 제 4권에 수록된 석굴암 내부 사진에서도 뚜렷이 나타난다. 이를 통해 석굴암 천장이 애초부터 깨져 있었음이 명백히 입증됐다. 세월의 때가 잔뜩 끼었는데도 여전히 장엄함을 잃지 않고 있는 본존불이 매우 인상적이다. 그런 반면 입구 부분인 전실과 원형인 주실 등 전체 구조물은 와르르 무너지기 직전의 위태로운 모습이다.

책에는 잡풀이 무성하게 자라 폐허로 방치된 불국사 경내도 담겨 있다. 지붕과 기둥, 석조물만 겨우 남은 상태지만 통일신라 최전성기 때 예술혼을 느끼기에는 전혀 부족함이 없다.

제4권에는 현재 해체 보수 공사 중인 국보 11호 백제 미륵사지석탑도 있다. 동양 최대 규모이면서 우리나라에서 가장 오래된 석탑이다. 목탑 건축 방식으로 쌓은 유일한 석탑으로도 유명하다. 그러나 탑은 당시 붕괴 직전이었고 일제는 콘크리트 185톤을 타설해 긴급 보수했다. 책은 콘크리트로 보수하기 전 미륵사지 석탑을 보여 준다.

광화문에 버티고 서 있는 해치상 왼쪽 앞다리를 자세히 보면 부러져 수리된 흔적이 있다. 《조선고적도보》 제10권(1930)에 나오는 해치상 다리는 멀쩡하다. 해치는 1923년께 일제가 광화문을 철거하면서 쫓겨났다가 1920년대 말 또는 1930년대 초 조선총독부 정문 앞으로 옮겨졌다. 그리고 1968년 광화문을 복원하면서 광화문 앞으로 다시 이동해 왔다. 1958년 2월 9일 어린이들이 설을 맞아 해치에 올라 탄 모습을 촬영한 국가기록원 영상 자료에 해치가 클로즈업돼 있는데 여기서도 해치 앞다리는 부러져 있지 않다. 이로 미뤄 해태는 1968년 광화문 복원 때 떨어 뜨렸거나 무언가에 부딪혀 다리가 파손된 것으로 보인다.

책에는 또 경복궁, 창덕궁, 경희궁 등 조선 궁궐의 옛 사진과 복원 전 분황사 모전 석탑(국보 30호), 들판 위에 우뚝 서 있는 광개토대왕릉비의 모습 등이 인상적으로 담겨 있다.

영산강 일대 왜계 무덤의
주인은?

2012년 11월 나주문화재연구소는 전남 고흥군 풍양면 야막리에서 매우 낯선 형태의 고대 무덤 하나를 찾아냈다. 무덤 위에 돌을 깔고 봉분을 덮은 이른바 '즙석葺石' 무덤이었다. 3세기 말부터 7세기 말까지 일본 고훈古墳(고분) 시대의 보편적 무덤이며 지역적으로는 규슈 북부 계통으로 판명이 났다.

왜계 무덤이 왜 이곳에서 발견되었을까? 단순히 무덤 양식만 갖고 왜계인지 여부를 결정하지는 않는다. 무덤 속에서 나온 부장품도 중요한 평가 요소다. 야막리 고분에서는 왜색이 짙은 갑옷·투구와 검, 대도, 창 등 무기류도 다량으로 수습했다.

영산강 일대를 중심으로 한반도 남부에서 최근 왜계 무덤이 지속적으로 발견되고 있다. 야막 고분을 포함해 현재까지 확인된 왜계 고분은 무려 스물다섯 기에 달한다. 영산강 일대에서는 고창 칠암리, 담양 고성

돌을 까는 즙석식 무덤과 출토품들.
국립나주문화재연구소 사진

고훈 시대 귀족들의 전형적인 분묘 양식인 전방후원분.
국립나주문화재연구소 사진

리·성월리, 함평 장고산·신덕·표산, 광주 월계동·쌍암동·명화동, 영암 자라봉, 해남 용두리·조산·장고산 등 6세기 초 조성된 것으로 밝혀진 전방후원분(장고형 고분) 열세 기가 나왔다.

전방후원분은 원형과 사각형의 분구가 한데 붙은 형태로 일본 고훈 시대 지배 계층의 전형적인 무덤 양식이다. 무덤에서 환구대도, 협갑脇甲(갑옷) 등 일본 열도에서 만든 부장품이 쏟아져 나온 것을 볼 때 고급 무사들이 피장자였으리라 판단할 수 있다.

또한 공주 단지리·안영리, 부여 능산리 등 충청권에서 세 기가 발굴됐고 경남 고성 송학, 의령 경산리·운곡리, 사천 신진리, 거제 장목, 창녕 송현동 등 대가야권에서도 여섯 기가 출토됐다. 신안 배널리, 고흥 안동·야막 등에서는 앞선 5세기 초 만들어진 세 기가 발견되었다.

충청권과 대가야권 무덤은 영산강 일대의 전방후원분과는 달리 단순히 무덤 표면에 돌을 쌓거나 내부에 요석腰石을 설치하고 붉게 채색했다. 전방후원분에 비해 피장자의 신분이 상대적으로 미천한 중·하위층 무사의 무덤으로 짐작된다.

그런데 5세기는 백제가 아직 한반도 남단까지 세력을 미치지 못한 시기다. '백제의 정복 군주' 근초고왕近肖古王(재위 346~375)은 즉위 21년인 366년 영산강과 낙동강 일대 소국 정벌에 나선다. 《일본서기》도 "백제가 소백산맥을 넘어 가야, 탁순국卓淳國, 아라가야阿羅伽倻 등 가야 연맹 일곱 소국을 쳤으며 남쪽으로 침미다례忱彌多禮를 무찌르고 비리 등 네 읍을 항복시켰다"라고 묘사했다. 이른바 '근초고왕 남정'으로 불리는 사건이다. 그러나 백제가 한반도 서남부 지역을 직접적으로 지배한 것은 6세기 중반인 538년 사비(부여)로 도읍을 옮긴 이후의 일이다. 200년간 이 지역은 백제의 지배를 받으면서 독자성을 보장받는 복잡한 정치체제를 유지했다.

그렇다면 스물다섯 기의 왜계 무덤은 4세기 후반 일본 진구황후가 한반도 남부를 정벌했다는 임나일본부설의 증거일까? 하지만 정작 임나일본부설을 주장해 온 일본 사학계는 이를 공식 폐기했다. 2010년 한일역사공동연구위원회 최종 보고서에서 일본 측 위원들이 '고대 한일관계의 성립'과 관련해 "한반도에서 왜인의 활동 흔적은 여러 곳에서 인정되지만 왜국의 영토가 존재했다는 것과 왜국이 대대적으로 군사를 전개했다는 점은 정정이 필요하다"라고 결론을 내렸다.

한반도 왜계 무덤 발굴 현황

위치		양식(조성 시기, 무덤 수)
영산강 유역	전북 고창 칠암	지배층 무덤인 전방후원분(6세기 초, 총 13기)
	전남 담양 고성	
	전남 담양 성월	
	전남 함평 장고산	
	전남 함평 신덕	
	전남 함평 표산	
	광주 월계	
	광주 쌍암	
	광주 명화	
	전남 영암 자라봉	
	전남 해남 용두	
	전남 해남 조산	
	전남 해남 장고산	
웅진 지역	충남 공주 단지	중하층 무덤(6세기 초, 총 3기)
	충남 공주 안영	
	충남 부여 능산	
대가야 지역	경남 고성 송학	중하층 무덤(6세기 초, 총 6기)
	경남 의령 경산	
	경남 의령 운곡	
	경남 사천 신진	
	경남 거제 장목	
	경남 창녕 송현	
남해안	전남 신안 배널리	중하층 무덤(5세기 초, 총 3기)
	전남 고흥 안동	
	전남 고흥 야막	

　　대체로 학계에서는 무덤이 발견된 지역이 남해안과 서해안 일대 고대 연안 항로상에 위치한다는 점에서 당시 항로를 통행한 교역 주체들의 흔적으로 해석한다. 일각에서는 흥미롭게도 이들이 백제의 용병이었다는 용병설을 제기한다. 《일본서기》〈웅략雄略〉 243년조에 "백제 삼근왕三斤王 (재위 477~479)이 사망하자 동성왕東城王(재위 479~501)이 귀국했는데 쓰쿠시

国筑紫國(북부 규슈계) 군사 500인이 호위했다"라고 적혀 있기 때문이다.

475년 고구려군 공격에 백제는 21대 개로왕蓋鹵王(재위 455~475)이 전사하고 수도 한성을 내준다. 천신만고 끝에 웅진에 터를 마련하지만 4년 만에 국왕 셋이 바뀌는 내분까지 겹치면서 백제의 통치 기구는 사실상 와해된다.

일본에 머물던 동성왕은 휘하 무사단을 이끌고 급거 귀국해 백제 24대 왕에 오르고, 용병을 적극 끌어들여 백제를 위기에서 구해 낸다. 이후 500인의 무사단은 어떻게 됐을까. 문헌에서는 그들의 흔적을 찾기 힘들다. 그런데 왜인 용병은 비단 500명뿐이었을까?

동성왕이 혼란을 수습하는 방편으로 선택한 것은 남으로의 영토 확장이었다. 《삼국사기》〈동성왕〉 20년조(498)에도 "왕이 무진주(광주)를 순행했다"라고 쓰여 있다. 경북대 박천수 교수와 같은 학자는 동성왕이 왜계 용병들을 파견해 전남 지역을 간접 통치했다고 설명한다. 왜계 무덤에서 금제 귀고리, 목관·제기 등 백제 왕실에서 하사한 다량의 위신재威信財(피장자의 권위를 과시하기 위해 묻는 물품)가 나왔기 때문이다. 그리고 이 유물은 용병이 백제에 예속되었음을 보여 준다.

공주, 부여에 있는 왜계 무덤의 피장자는 고구려 방어를 위한 용병이었을 가능성을 고려해 볼 수 있다. 서부 경남 지역 무덤의 피장자는 대가야계 왜인 용병으로 보이는데, 대가야는 6세기 초 서부 경남에 교두보를 확보한 것으로 추측된다. 5세기 초 만들어진 신안과 고흥 고분의 주인공은 백제가 해로를 통해 여수 반도와 하동 지역을 공략할 때 동원된 왜인으로 보인다.

이들이 '마한의 망명객'이라는 주장도 있다. 당시 일본 열도에는 고구려, 백제, 신라, 가야, 마한 등에서 넘어간 한반도계 사람들이 있었다. 그런데 왜와 가야 사람들이 뭉쳐 야마토 정권을 세우고 이 격변기 속에 북규슈에 자리잡고 있던 마한의 이주민들이 망명객 신분으로 다시 고향인 전남 지방으로 건너왔으며 이때 전방후원분을 만들었다는 주장이다.

용병이든, 망명객이든 전남 지방에 정착한 왜인들은 오래지 않아 백제인화했다. 함평 신덕리 고분이 그들의 귀화 가능성을 보여 준다. 신덕 1호분은 전형적 전방후원분이지만, 바로 옆 2호분(자식 무덤으로 추정)은 백제의 능산리식 횡혈석실로 조성됐다. 아버지는 자기가 태어난 일본 무덤 양식을 채택한 반면 백제가 고향인 아들은 백제식을 따른 것이다. 그리고 왜계 무덤이 군을 형성하지 않은 것은 이들이 중심 세력으로 성장하지 못했음을 의미한다.

시기적으로도 전방후원분은 유독 6세기 초에만 한정된다. 백제가 사비 천도 후 한반도 남부를 자기들 영토로 편입하게 되면서 영산강 일대 전남 지역은 더 이상 왜인들의 피난처나 도피처가 될 수 없었다.

칠지도에 담긴
비밀

일본 나라 현 덴리天理 시 이소노카미石上 신궁에는 특이한 모양의 칼이 하나 보관돼 있다. 길이가 74.9센티미터인 이 칼은 좌우에 각 세 개씩 가지 칼이 붙어 있다. 칼끝을 포함해 가지가 일곱이라서 '칠지도七支刀'라 불리는 칼이다.

1874년 8월 신궁의 주지인 간 마사토모菅政友가 칼에 쌓인 녹을 벗기는 과정에서 총 예순한 자의 명문明文을 찾아내면서 일대 센세이션을 불러일으켰다. 명문은 앞면에 서른네 자, 뒷면에 스물일곱 자가 금으로 상감象嵌돼 있다.

금상감 기법은 고도의 기술을 요한다. 금상감 기법은 이전 동북아시아에서 확인된 적이 없어 칠지도는 백제가 최초로 이 기법을 개발했음을 보여 주는 결정적 증거로 인식돼 왔다. 칠지도는 당시 세계 최고 수준이던 백제 공예 기술의 실체를 확인시켜 주는 걸작 예술품이면서도, 고대 백제와 왜의 관계를 설명해 주는 유물로서 한일 학계에서 주목받았다.

칠지도의 존재는《일본서기》〈신공〉52년(372)조에서 찾을 수 있다. "백제의 구저久氐 등이 천웅장언千熊長彦을 따라와 칠지도 한 구, 칠자경七子鏡 한 면 등 각종 중요한 보물을 바쳤다"라는 기록이다. 그런데 이 칠지도가 이후 세상에 그 모습을 드러낸 것이다. 이 기록과 칠지도의 존재는 "3세기 중반 일본 고대 야마토 정권이 신라와 백제 지역을 정복해 신하국으로 거느렸고 4세기부터 6세기까지 가야 지방을 200년간 직접 지배했다"는 임나일본부설을 뒷받침하는 중요한 증거의 하나로 제시되어 왔다.

그런데 일본은 그러면서 칠지도 원본을 일부 연구자에게만 제한적으로 공개해 의혹을 부추겼다. 정확한 판독을 위한 과학적 조사도 진행하지 않고 말이다. 지금까지 드러난 내용들을 종합하면 명문은 대체로

칠지도가 보관된 이소노카미 신궁.

다음과 같다.

泰○四年○月十六日丙午正陽造百練鐵七支刀○辟百兵宜○供侯王○○
○○作

– 앞면

先世以來未有此刀百濟王世○奇生聖音故爲倭王旨造傳○後世

– 뒷면

앞면 명문은 "태○ 4년 4월 11일 병오일 정오 백번 단련한 쇠로 칠지
도를 만들었는데 수많은 적을 물리칠 수 있으니 후왕에게 베푼다"로 풀이
한다. 대체적 해석은 한일 양국이 다르지 않지만 '후왕侯王'이라는 단어를
놓고 강하게 대립한다.

후侯는 일반적으로 신하를 뜻한다. 상국이 제후국 나라의 왕에게 붙
이는 호칭이다. 백제 왕이 일본을 대표하는 수장으로서 왜왕의 지위를 승
인하는 동시에 양국 간 종주 관계라는 질서를 설정해 자신의 권력 범위를
확대하려 했다고 이해할 수 있다.

실제 백제는 주변국의 맹주 역할을 했다. '무령왕릉 매지권(지석)'에
'붕崩' 자가 표기돼 있는데 이는 천자가 죽었을 때 사용하는 용어다. 무령
왕비 장례에는 중국, 대가야, 영산강 유역, 왜 등이 조문 사절과 함께 조
문용 제의품을 보내오기도 했다.

일본 측은 '후'가 부귀한 사람에 대한 호칭으로 쓰였으며 다른 문헌에

무령왕릉 지석.
중간 구멍 뚫린 부분에 천자天子의 죽음을 의미하는 '붕崩' 자가 선명하게 새겨져 있다. 국보 163호,
국립중앙박물관 소장

서도 그런 사례가 허다하다고 반박한다. 누가 보더라도 설명이 빈약하다.

뒷면 명문은 해석이 좀 더 복잡하다. 일본 학계는 "지금까지 이와 같은 칼이 없었습니다. 백제의 왕과 세자가 성음에 기대어 살아 왜왕 지늠를 위해 제작했으니 후세에 전하소서"라고 해석한다. 백제 왕이 일본 천황에게 충성심을 서약한 징표로 바쳤다는 주장이다. 우리는 "지금까지 이와 같은 칼은 없었노라. 백제 치세에 기묘하고 성스러운 소식이 생겼으므로 왜왕을 위해 제작하니 후세에 전해 보일지니라"라고 풀이한다. 칠지도가 제작된 당시의 시대 배경을 파악하면 우리 해석이 옳다는 사실을 알 수 있다.

왜왕이 칠지도를 받은 때가 4세기 후반인 372년이라고《일본서기》에 적혀 있다. 우리 학계에서 주장하는 제작 연대는 이와 좀 차이가 난다.

백제의 앞선 문화 수준을 잘 엿볼 수 있는 호류法隆 사 목조 백제관음상百濟觀音像과 구세관음상救世觀音像. 백제관음상은 백제왕이 쇼토쿠聖德 태자에게 선물한 것이고 구세관음상은 백제 21대 위덕왕이 아버지 성왕을 그리워하며 얼굴을 만들었다는 이야기가 전한다.

명문 맨앞 연호로 짐작되는 '태○泰○'가 단서다. 태화泰和라는 연호는 중국 금나라(1115~1234) 때 쓰였지만 훨씬 후대의 일이다. 따라서 학계에서는 태화는 진나라 연호인 태화太和의 오기이며 태화 4년은 369년이라고 판단한다. 369년은 백제 13대 근초고왕 24년이 되던 해다. 근초고왕은 2년 뒤인 371년 정예병 3만을 이끌고 평양까지 쳐들어가 고구려 고국원왕을 살해하고 중국에 식민지를 건설하면서 백제의 최대 전성기를 이룬 백제의 최대 정복 군주다. 반면 4세기경 왜는 겨우 국가 형태를 갖춰 가는 수준에 불과했다. 백제의 최전성기를 이끈 근초고왕이 왜왕에게 칠지도를 바쳤다는 것은 상식적으로 맞지 않는다. 특히 헌상했다면 왜왕을 높이는 존칭을 썼을 텐데 그런 내용은 명문 어디에도 없다.

그러면 근초고왕이 칠지도를 하사한 의도는 뭘까? 흔히 동양에서는 하위 나라가 상위 나라에 조공을 하거나 공을 세우면 상급자의 신표로 칼이나 거울 등을 하사해 치하했다. 근초고왕은 그런 성격의 칼을 나뭇가지 형상으로 만들어 왜왕에게 내린 것이다.

왜 하필 나무 형상일까? 우리 민족은 전통적으로 신목神木이 천상계와 지상계를 이어 주는 통로라고 인식했다. 칠지도는 하늘로부터 물려받은 백제 왕권의 신성성 내지는 초월적 권위를 만방에 알리려는 의도를 내포하고 있다. 만일 '백제왕세○百濟王世○' 부분에서 식별이 어려운 글자가 '자子'라면 백제 왕세자가 왜왕에게 칠지도를 내린 것이므로 백제 왕과 왜왕의 격은 더욱 벌어질 수밖에 없다.

한편 '명문을 손질하면서 고의적으로 깎거나 채운 흔적이 있다'는 칠지도 훼손 의혹이 꾸준히 제기돼 왔다. 그런데도 일본은 이소노카미 신궁 창고 깊숙이 칠지도를 숨겨 놓은 채 전모를 밝히지 않고 있다. 한일 고대사의 진실을 알려 줄 수 있는 유물이 비단 칠지도뿐이겠는가.

요령성은
백제의 식민지?

백제는 마한에서 시작된 나라다. 중국 진晉나라 말기 고구려가 요동을 경략
하자 낙랑 역시 요서에 진평현을 설치했다. 고구려의 침공을 여러 번 받았
지만 양무제 때 무령왕이 사신을 보내와 '고구려를 여러 차례 무찔렀다'고
말했다. 지방을 스물두 개의 담로로 나눠 왕의 아들이나 왕족들에게 다스리
게 했으며 주변의 작은 나라인 반파, 탁, 다라, 전라, 시라, 지미, 마연, 상사
문, 하침라 등이 백제에 속해 있다. 언어와 의복은 고구려와 거의 같다.

중국 난징박물관에 소장된 〈양직공도梁職貢圖〉에 쓰인 글이다. 〈양직
공도〉는 6세기 양나라 때 제작된 화첩으로 중국을 찾은 백제, 왜 등 외국
사신의 모습과 그 나라의 풍습 등을 소개했다. 현존하는 그림은 6세기에
제작된 원본을 북송 때인 1077년 모사한 것이다. 애초 스물다섯 나라 정
도의 사신이 그려져 있었으나 현재는 열두 나라 사신만 남아 있다.

'백제국사百濟國使'라는 제목이 붙은 그림과 이에 대한 서술은 6세기 초 웅진 시대의 백제사를 연구하는 데 매우 귀중한 자료다. 특히 백제의 사신 초상은 현존하는 회화 자료 중 유일하게 백제인의 모습을 담은 그림이다. 특히 눈길을 끄는 부분은 낙랑이 지금의 요령성 서쪽인 요서 지역을 다스렸다는 대목이다. 이 글을 쓴 인물은 백제와 낙랑을 혼동하고 있다. 중국 고대 문헌

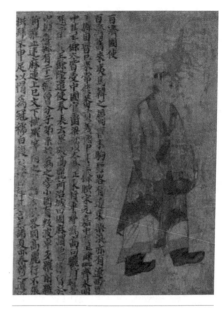

〈양직공도〉속 백제 사신.
"요서에 진평현을 설치했다"라고 설명되어 있다. 중국 난징박물관 소장

에는 우리 민족을 낙랑으로 표기하는 경우가 종종 있다. 그리고 진나라는 동진東晉(317~420)으로 보인다.

중국 대륙을 침략한 사례가 사실상 전무한 한민족의 역사에서 백제가 과연 중국에 식민지를 둔 게 사실일까? 만일 중국에 백제 영토가 있었다면 얼마간 존속했을까?

백제의 요서 경영설은 〈양직공도〉뿐만 아니라 많은 중국 역사서에서 발견된다.《남사南史》〈백제전〉에는 "그 나라는 본래 고구려와 더불어 요동의 동쪽 1000여 리 밖에 있었다. 진나라 때에 이르러 고구려가 이미 요

동을 차지하자 백제 역시 요서·진평 두 군의 땅을 점거해 백제군을 설치했다"라고 기술돼 있다. 〈양직공도〉와 판박이다. 《주서周書》〈백제전〉에는 "백제의 국경이 바다 건너까지 미친다"라고 돼 있다. 《주서》〈백제전〉에 따르면 백제는 동북으로 신라에, 서쪽으로 바다를 건너 월주越州에 이르며 남쪽으로는 바다를 건너 왜에, 북쪽으로는 바다를 건너 고구려에 이른다. 《구당서舊唐書》〈백제전〉도 이와 내용이 별반 다르지 않다. 그뿐만 아니라 《송서宋書》〈이만열전〉, 《양서梁書》, 《남제서南齊書》, 《통전通典》 등에도 요서가 백제 영토에 속한다고 돼 있다.

신라 말 최치원崔致遠(857~?)은 "고구려와 백제의 전성기에 강병強兵이 100만이나 되어 남쪽으로는 오월吳越을 침공했고 북으로는 유, 연과 제, 노를 괴롭혀 중국의 커다란 좀이 되었다"라며 해상을 통한 중국 진출을 묘사했다. 민족사학자 신채호는 백제의 요서 경영은 백제의 최전성기를 이룬 근초고왕의 아들 근구수왕(재위 375~384) 때의 일이며 위치는 요서, 산동, 강소, 절강을 포함하는 광활한 영역이라고 주장했다.

하지만 《삼국사기》에는 백제의 요서 진출에 대한 직접적 언급이 없다. 다만 이를 짐작할 수 있는 기사는 찾을 수 있다. 동성왕 10년(488)조의 "북위北魏가 군사를 보내 쳐들어왔으나 백제에 패했다"라는 기록이 그것이다.

유목 민족이 세운 북위(386~534)는 하, 북연北燕, 북량北凉을 멸망시켜 5호 16국 시대를 종식시키고 중국 강북 지역을 통일했다. 북위는 고구려와 국경이 맞닿아 있는 나라다. 유목 국가가 바다를 건너왔을 리 만무하며 고구려를 통과해 백제로 쳐들어갔다는 것도 납득하기 어렵다.

중국은 4세기 초부터 100여 년 동안 5호 16국 시대로 불리며 혼란과 분열을 거듭했다. 북쪽에서는 흉노·선비·갈·강·저 등 북방 민족의 열세 나라가, 남쪽에선 한족 계통의 세 나라가 패권 다툼을 하며 흥망성쇠를 반복했다.

백제의 대륙 진출은 중국 대륙의 혼란기를 틈타 고구려를 배후에서 견제하는 등 정치적 목적을 달성하고 이와 더불어 요서를 해상 전진 무역 기지로 활용하기 위한 것으로 보인다. 요서로 가는 길목인 요동을 고려가 지배하고 있어 백제가 만일 요서를 식민지로 삼았다면 해로를 통해 건너갔으리라 유추할 수 있다. 실제 백제에는 '방舫'이라 불리는 큰 배가 존재했다. 이 배는 '크고 튼튼한 선박'의 대명사로 여겨졌다. 백제는 우수한 선박을 만들고 뛰어난 항해 기술을 이용해 동남아시아는 물론 인도까지 활동 범위를 넓혔다고 여러 사서에 기술되어 있다.

반론도 만만찮다. 일본 학자들을 중심으로 "백제의 요서 경략 자체가 가능하지 않은 일"이라는 반응이 있었다. 황국사관의 권위자인 이케우치 히로시池內宏 전 도쿄 대 교수는 "동성왕이 북위의 적국인 남제에서 관직을 제수받기 위해 허구를 꾸민 것"이라고 했다. 심지어 와다 하카토코 和田博德라는 학자는 "진나라 시대의 요서는 5호 16국의 하나인 선비족 모용 씨의 연나라가 지배하고 있어 백제가 침투할 만큼 힘의 공백 상태가 아니었으며 더욱이 백제가 지배했다는 진평군 진평현은 어디에서도 그 존재를 확인할 수 없는 괴이한 지명"이라고 폄훼했다.

요서 경략의 주체가 백제가 아닌 다른 세력인데 잘못 기록했을 것으로 보는 국내 학자도 더러 있다. 이들은 낙랑 또는 부여와 관련된 세력으

서울시 송파구 방이동 고분군.
백제의 정복 군주인 근초고왕이 활약하던 4세기 초·중반 조성된 것으로 알려졌다. 극심한 도굴로 남은
유물이 거의 없다. 인근 석촌동 고분군 역시 백제 초기 만들어진 무덤이다.

로 추측한다.

    백제의 요서 경영에 대해 《삼국사기》에 직접적인 언급이 전혀 없으
며 백제인들이 요서에 살았다는 사실을 증명할 고고학 유물이나 유적이
여태 나오지 않고 있다는 점도 분명하다.

    그렇다고 많은 중국 사서들이 적시하고 있는 사실을 전적으로 부정
할 수는 없는 노릇이다. 당시 백제는 강력한 고구려에 쳐들어가 수도인
평양성을 점령할 만큼 최강의 전성기였다. 《삼국사기》에 따르면 근초고

왕은 태자(근구수왕)와 함께 정예군 3만을 거느리고 평양성을 공격했으며 고구려의 고국원왕을 살해하기까지 했다. 5호 16국이라는 분열기에 관심이 상대적으로 소홀하던 중국의 변방을 백제가 차지했을 가능성은 충분하다.

백제 **한성**은
몽촌토성?

서울 천호대교에서 천호사거리 쪽으로 가다 보면 오른쪽에 큰 언덕이 한눈에 들어온다. 언뜻 풍납동 일대 주택가와 도로를 구분하기 위해 쌓은 담처럼 보이지만 백제의 첫 수도인 '하남위례성河南慰禮城'으로 알려진 '풍납토성'이다.

토성은 북쪽과 동쪽, 남쪽 벽이 지금까지도 잘 남아 있다. 여기서 남동쪽으로 500여 미터 떨어진 곳에 또 다른 성이 존재한 흔적이 있다. 몽촌토성으로도 불리는 '몽촌산성'이다. 몽촌산성에는 현재 올림픽공원이 들어서 있다.

과연 풍납토성은 백제의 왕성이었을까? 그렇다면 몽촌토성은? 그리고 이처럼 두 성이 나란히 배치된 이유는 뭘까? 풍납토성에선 1997년 이후 수차례 발굴 조사로 신전 건물로 추정되는 대형 석조 건물지와 제사용으로 사용된 것으로 보이는 말 아래턱뼈, 적심과 초석을 갖춘 기와 건물

풍납토성 성벽.

풍납토성에서 출토된 청동 초두鐎斗.
약, 술, 음식 등을 끓이거나 데우는 데
사용한 제기. 홍수가 휩쓸고 지나간 뒤
토성 벽에 박힌 항아리 속에 청동거울
등 함께 담긴 상태로 발견됐다.
국립중앙박물관 소장

지, 수백 점의 기와, 토기, 옥기, 은제관식 등을 찾아냈다. 유구들이 도로
를 통해 구획됐고 도로변을 따라 조성된 왕실 부속 창고군의 존재도 확인
됐다. 궁전 구역의 남쪽에서는 문헌 기록 속 연못의 흔적도 발견됐다.

1999년 실시된 동벽 발굴 조사에서는 더욱 의미 있는 결과가 나왔
다. 성 규모가 폭 43미터, 높이 11미터에 달하고 국내 최대 규모의 판축

토성이라는 사실이 밝혀진 것이다. 이런 규모의 성벽을 쌓으려면 연인원 100만 명 이상의 노동력이 동원됐을 것이다. 왕궁 터 등 아직 결정적 증거가 발견되지는 않았지만 풍납토성이 왕성이었으리라는 증거는 무수하다. 남쪽에 왕릉군으로 추정되는 석촌동·방이동 고분군 등 대형 분묘가 밀집 분포돼 있는 점도 증거 가운데 하나다.

《삼국사기》〈온조왕溫祚王〉 즉위년(기원전 18)조에는 "하남위례성에 도읍을 정하니 북으로 한수를 두고 있다"라고 기술돼 있다. 고고학 자료를 종합해 볼 때 한강 이남에서 도읍지 흔적이 남아 있는 곳은 풍납토성과 몽촌산성 두 곳뿐이다. 둘 중 하나가 백제의 첫 도읍임이 확실하다. 그런데 온조왕 13년(기원전 6)조에 "북쪽 말갈이 침략하니 편안한 날이 드물어 한수 남쪽의 기름진 땅으로 천도했다"라고 쓰여 있다. 한강 이남 어느 곳에서 다시 한강 이남 어느 곳으로 옮겨 갔다는 이야기다. 그러면서 "한산漢山 아래 책柵을 세우고 위례성의 민호를 옮겼다"라고 돼 있다. 최초의 수도가 어디인지, 또 천도한 지역은 어디인지 밝혀낼 단서는 '한산'이라는 지역이다. 다행히 한산은 이후에도 《삼국사기》에 계속 등장한다.

> 왕이 평양성을 공격해 고구려왕 사유斯由(고국원왕)를 죽였다. 왕은 되돌아와 한산으로 이도했다.
>
> — 근초고왕 26년(370)

> 왕이 패수 전투의 패배를 보복하기 위해 한수를 건너 청목령靑木嶺(개성) 밑에 행차했지만 대설을 만나 병졸이 많이 동사했다. 회군해 한산성에 이르러 군

몽촌산성의 성벽과 목책.

사를 위로했다.

— 아신왕阿莘王 4년(396)

'첫 번째 도읍'과 '한산'이라는 지역을 왔다 갔다 했다는 얘기다. 어느 시기부터 한산 또는 한산성이라는 명칭이 사라지고 '한성漢城'이 등장한다. 《삼국사기》 〈개로왕蓋鹵王〉 21년(475)조에 "고구려왕 거련巨連(장수왕) 이 서울 '한성'을 에워싸므로 형세가 곤란해져 왕이 성문 서쪽으로 달아나려 했더니 고구려 사람이 쫓아와서 왕을 죽였다"라고 쓰여 있다. 한성이 한산성의 또 다른 표기인 셈이다.

학계 일각에서는 이 한성이 몽촌산성이라고 규정한다. 그에 따르면 당시 풍납토성은 하남위례성, 몽촌산성은 한성이었다. 그렇다면 한강 유역에 기반을 둔 초기 백제의 명칭이 '위례백제'가 아니라 '한성백제'로 굳어진 이유는 무엇일까?

475년 한강 유역을 차지한 고구려는 평지성이라 백제와 신라의 공격으로부터 방어에 취약한 풍납토성을 폐기한다. 그 대신 산성인 몽촌성을 군사용으로 재활용한다. 몽촌산성은 주성과 외성으로 구성돼 있으며 주성은 남북 최장 730미터, 동서 최장 570미터의 마름모꼴 형태다. 산성 최고점의 고도는 42.9미터다. 북서쪽이 높고 동남쪽이 낮은 구조다.

실제 1980년대 몽촌산성 발굴 조사에서는 고구려계 토기가 많이 출토됐다. 그러는 사이 하남위례성인 풍납토성은 폐허로 잊히고 한성, 즉 몽촌산성이 백제 고도를 대표하는 명칭으로 부상하게 되면서 이런 의식이 《삼국사기》에도 반영돼 용어의 혼란이 생긴 것으로 보인다.

한산이 한강 이북에 있었다는 주장도 없지는 않다. 온조왕 대의 백제 첫 도읍이 한강 이북에 위치해 말갈에 괴롭힘을 당하는 일이 빈번해지자 이를 피하기 위해 하남 쪽으로 천도했다는 견해다. 근초고왕이 한산으로 도읍을 옮길 당시는 백제의 군사력이 고구려를 압도해 북진에 유리한 한강 이북으로 천도했으리라는 주장으로, 이른바 '한산=하북위례성'설이다. 이 설을 지지하는 학자들은 구체적인 후보지까지 거론하는데, 바로 북한산성 내 중흥동고성이다. 그러나 하북위례성의 존재를 증명할 유적이나 유구가 발견되지 않아 설득력이 떨어진다.

《삼국사기》에는 북성北城과 남성南城이 공존했다고 기록돼 있다. 《삼국사기》의 한성백제 최후의 날을 묘사한 부분에서 고구려군이 북성을 7일 만에 함락하고 이어 남성을 치자 백제 왕이 이곳에서 도망치다가 붙들렸다는 내용이 나온다. 북성은 풍납토성이며 남성이 몽촌산성, 즉 한성이라는 것을 쉽게 알 수 있다. 또 서울의 옛 이름인 한성이 조선시대가 아닌 거의 2000여 년 전부터 쓰인 지명이라는 사실도 알 수 있다.

한성백제의 임금은 거주 목적의 풍납토성에 주로 머물다가 군사적 필요에 따라 수시로 방어용 배후 산성인 몽촌산성으로 옮겼고 사서는 이를 '천도遷都' 또는 '이도移都'로 표현한 것이다.

백제 무왕은
'백제판 강화도령'?

선화 공주님은 남몰래 짝을 맞추어 두고 마동 서방을 밤에 몰래 안으러 간
다네

善化公主主隱 他密只嫁良置古 薯童房乙 夜矣卯乙抱遺去如

누구나 들어봤을, 백제 30대 무왕武王(재위 600~641)이 지었다는 향가
〈서동요薯童謠〉다. 신라 선화공주를 사모한 무왕이 아이들에게 이 노래를
부르게 해 결국 공주를 아내로 맞이한다는 이 이야기는 일연의 《삼국유
사》무왕조에 실려 있다. 그런데 일각에선 적대 관계인 백제 왕과 신라 왕
이 사돈 관계를 맺은 것을 두고 의문을 제기하기도 한다.

《삼국유사》에는 또 무왕이 왕비가 된 선화공주의 청으로 용화산 아
래 연못을 메운 뒤 절을 세우고 미륵사라고 했다고 기록돼 있다. 그런데
미륵사를 창건한 사람이 선화공주가 아니라는 명문이 출토됐다. 2009년

미륵사지.
전북 익산시 소재

미륵사지석탑(서탑).
국보 11호

복원된 미륵사지석탑(동탑).

미륵사지 석탑을 해체하는 과정에서 찾은 금제 사리호와 금제 사리 봉안기.
《삼국유사》 기록에는 무왕이 선화공주를 위해 미륵사를 세웠다고 돼 있지만 사리 봉안기에는 왕비인
사택적덕의 딸이 절을 지었다고 쓰여 있다.

1월 미륵사지석탑(서탑·국보 11호)을 해체해 조사하던 중 탑신 1층 심주(중앙기둥)에서 금판으로 된 사리 봉안 기록판이 나왔다. 여기에 "639년 백제 무왕의 왕후이자 좌평 사택적덕沙宅積德의 딸이 세운 절"이라고 적혀 있다. 사택씨는 성왕聖王(재위 523~554)의 사비 천도를 도운 백제 말기 최고 귀족 가문으로 이 집안의 사택지적砂宅智積(?~?)이라는 인물은 의자왕義慈王(재위 641~660) 때 대좌평大佐平을 지내기도 했다.

　백제 왕자와 신라 공주의 국경을 초월한 러브스토리는 과연 허구일까? 《삼국사기》에서도 선화공주 얘기는 찾을 수 없다. 그렇다고 사리 봉안기 명문이 선화공주 이야기가 거짓이라는 결정적인 증거는 아니다. 무왕이 40년 이상 재위한 만큼 선화공주가 먼저 세상을 떠나고 새로 들인 왕비가 사리 봉안기에 나타난 사택적덕의 딸일 수도 있기 때문이다.

　무왕의 정체 역시 의문투성이다. 무왕조 첫머리에 "무왕의 이름은

장璋이니 법왕의 아들이다. 풍채가 빼어나고 뜻과 기개가 호걸스러웠다. 법왕이 왕위에 오르고 이듬해에 돌아가시자 아들로서 왕위를 이었다"라고 되어 있다.

그러나 《삼국유사》에선 "제30대 무왕의 이름은 장이다. 그의 어머니는 과부였는데 수도 남쪽 연못가에 집을 짓고 살다가 그 연못의 용과 정을 통하고 아들을 낳았다. 늘 마를 캐서 팔아 생활해 사람들이 마동薯童이라 불렀다"라고 했다. 일연은 그러면서 "《삼국사三國史》에서는 법왕의 아들이라고 했지만 자세한 것은 알 수 없다"라고 주석을 달았다.

《삼국사기》가 무왕의 아버지로 묘사한 29대 법왕法王(재위 599~600)은 누구일까? 《삼국사기》는 28대 혜왕惠王(재위 598~599)의 맏아들이라고 했지만, 《수서》에는 27대 위덕왕威德王(재위 554~598)의 아들이라고 쓰여 있다. 위덕왕은 26대 성왕의 장남이고 혜왕은 성왕의 차남이다. 형제가 연달아 왕위를 계승한 것이다. 법왕도 아버지가 위덕왕인지 혜왕인지 분명치 않다. 성왕 이후 백제는 한강 유역을 고구려와 신라에 빼앗기면서 왕권이 급속하게 약화되었다. 일본마저 국가 체제를 이루고 백제 영향권에서 멀어졌다. 위덕왕과 혜왕, 법왕이 차례로 정변에 희생됐을 가능성이 있다.

법왕을 시해한 귀족들은 구미에 맞는 왕위 계승자를 물색했을 것이고 익산에서 궁핍한 생활을 하던 그의 씨를 발견했을 것이다. 조선 후기 국정을 농단한 안동 김씨 일파가 헌종憲宗(재위 1834~1849)의 뒤를 잇기 위해 사도세자 증손인 원범元範(철종)을 강화도에서 찾아낸 것처럼 말이다.

《삼국사기》와 《삼국유사》 기록을 종합해 볼 때 무왕은 법왕이 왕자 시절 익산을 찾았다가 신분이 미천한 여인과의 외도로 낳았을 수 있다.

논밭으로 변한 익산 왕궁리 백제 왕궁 터.
전북 익산시 소재

무왕은 얼떨결에 왕이 됐지만 다행스럽게도 정치를 안정화시키고 국가를 위기에서 구한다. 재위 기간 내내 신라에 빼앗긴 영토를 되찾기 위해 노력했으며, 623년(무왕 24) 이후에는 거의 매년 신라와 전투를 벌였다. 고구려와도 대립했다. 중국과는 긴밀한 외교 관계를 유지해 수와 당에 사신을 파견했고 왜에는 관륵觀勒(?~?)을 보내 천문·지리 등 서적과 불교를 전했다.

　　무왕은 특히 자기 출생지이자 성장지인 익산을 대대적으로 개발한다. 익산에는 미륵사를 포함해 백제의 궁터로 추정되는 왕궁평성王宮坪城과 이를 외곽에서 호위했으리라 추정되는 오금산성과 미륵산성, 저토성 그리고 왕실 기원 사찰로 알려진 제석사 터 등 많은 백제 유적이 남아 있다.

이를 놓고 백제 천도설이 제기되기도 했다. 일본에서 발견된 《관세음응험기觀世音應驗記》에 "639년 무광왕武廣王(무왕)이 수도를 지모밀枳慕蜜(전북 익산 금마 일대)로 옮겼다"라고 기록돼 있다. 하지만 무왕이 익산에 왕궁을 세우고 미륵사를 창건하면서 천도를 계획했으나 사비(부여) 지역을 근거로 한 기득권 세력 반대에 부딪혀 천도하지 못했으리라는 반론이 있다. 수도였다기보다는 수도와 동일한 행정구역인 별부別部로 편성돼 수도의 일부로 여겨졌으리라는 주장도 있다.

한편 백제 최대 규모 사찰인 미륵사에는 동서로 각각 세 개의 전각(금당)과 두 개의 탑, 회랑이 들어서 있다. 미륵삼존의 모습을 본뜬 것이다. 사라졌던 동탑은 1994년 복원됐고, 국보11호 미륵사지석탑은 서탑이다. 서탑은 목탑 건축 양식으로 쌓은 유일한 석탑으로 원래 9층이었으나 훼손이 심해 5층 정도만 겨우 남았다. 선화공주가 실존 인물인지, 선화공주와 사택왕후가 동일인인지는 1300년 세월을 간직한 탑만이 알 것이다.

최고 국보를 물통 속에
숨긴 까닭

국보 287호 '백제 금동대향로百濟金銅大香爐'는 대한민국 최고 걸작 국보 중 하나로 꼽힌다. 더러는 2013년 뉴욕 메트로폴리탄박물관 전시회 출품을 놓고 논란을 빚은 국보 83호(금동미륵보살반가사유상)보다 더 뛰어나다고 평가하기도 한다. 대향로는 발견 장소가 분명해 제작 시기를 알 수 있는 반면 반가사유상은 그러지 못하다는 이유에서다.

대향로는 1993년 12월 충남 부여시 능산리 고분군 주차장을 건설하는 과정에서 우연히 수습됐다. 연이은 1995년 10월 "정해년(567)에 창왕(위덕왕)의 남매인 공주가 사리를 봉안했다"라는 명문이 새겨진 사리감舍利龕(탑 안에 사리를 넣어 두는 용기)이 근처에서 출토되면서 능산리에 고분과 함께 대규모 사찰이 있었던 사실이 확인됐다. 더불어 대향로의 연대까지도 밝혀졌다.

대향로가 나온 곳은 뜻밖에도 사찰의 공방지工房址 나무 물통이었

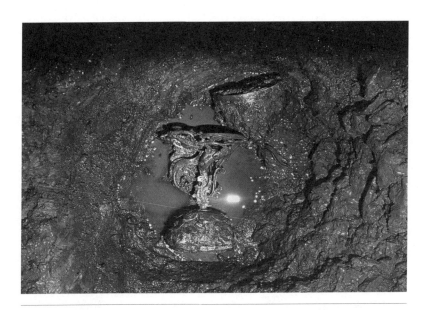

출토 당시 금동대향로 모습.
국립중앙박물관 사진

다. 이를 두고 나당연합군의 공격으로 백제 멸망이 임박해 오자 대향로
의 중요성을 아는 누군가가 황급히 감춰 놓았다고 주장하기도 한다. 금
동대향로에 도대체 어떤 비밀이 담겨져 있어서 그토록 다급하게 숨겨야
만 했을까?

백제 무령왕의 아들인 26대 성왕은 강력한 왕권으로 백제의 전성기
를 이끈 인물이다. 《삼국사기》에선 그에 대해 "영민하고 비범하며 결단력
이 있다"라고 했고, 《일본서기》도 "천도와 지리에 통달해 그 이름이 사방
에 퍼졌다"라고 기록했다. 성왕은 웅진 시대의 정치적 불안정을 종식시키
기 위해 도읍을 과감히 사비(부여)로 옮기고 내외 관제를 정비해 지배 체제

를 정비하고 통치 질서를 확립했다.

신라 진흥왕眞興王(재위 540~576)과 손잡고 고구려에 빼앗긴 한강 유역을 수복하는 일도 감행했다. 그러던 중 신라와 사이가 틀어져 전쟁을 벌이다가 허망한 죽음을 맞는다. 성왕은 554년 관산성管山城(충북 옥천) 싸움에 보낸 태자 창昌이 고립됐다는 소식을 듣고 직접 아들을 구하러 달려간다. 《삼국사기》는 "왕이 몸소 보병과 기병 50명을 거느리고 밤에 구천狗川에 이르렀다. 신라의 복병을 만나 싸우다가 혼전 중에 임금이 살해됐다"라고 기록했다. 가까스로 목숨을 건진 왕자가 왕위에 오르니 그가 바로 위덕왕이다.

성왕은 귀족회의체의 정치적 발언권을 약화시켜 왕권 중심의 정치체제를 확립하려고 노력했다. 신라와의 싸움도 전쟁을 반대하는 귀족들을 억누르기 위해 벌인 것이다. 이 전쟁에서 백제는 왕을 비롯해 좌평 네 명이 전사하고 군사 3만 명을 잃었다. 이런 상황에서 아버지를 사지로 불러들여 죽게 한 태자가 왕위를 물려받은 것이다. 이후 귀족들의 목소리는 다시 커졌고 정치체제도 귀족 중심으로 바뀐다.

설상가상으로 즉위 원년(523) 고구려 대군이 웅천성(공주)을 침공했다. 신라와의 극한 대립 속에서 고구려의 압박까지 가중되면서 백제 사회는 크게 동요한다. 왕실의 권위를 다시 세우는 동시에 국가의 위기를 극복해야 한다는 막중한 책임이 위덕왕을 압박했다. 위덕왕은 절대왕권을 가졌던 성왕 추모 사업을 가장 우선적으로 추진했다. 성왕의 권위와 위업을 후광으로 삼아 정치적 기반을 재구축하려고 한 것이다. 그 중심에 선왕의 명복을 비는 왕실 원찰願刹이 있었다.

능산리사지.
충남 부여군 소재

성왕의 무덤이 있었으리라 추정되는 능산리 고분을 관리하고 제사를 치르는 등의 의례가 이 사찰에서 이뤄졌다. 능산리 사찰과 사비왕궁 사이에서 목제 다리와 도로 등도 발굴됐다. 다리의 너비는 6미터가 넘고 수차례 보수한 흔적이 나타났다. 위덕왕이 이곳을 얼마나 빈번하게 드나들었는지 짐작할 수 있다. 그런 만큼 향로 제작에는 백제 최고의 장인들이 동원됐을 것이다. 향로는 아름다우면서도 정교하기 이를 데 없다. 전체적으로 앞발을 치켜든 용 한 마리가 막 피어나려는 연꽃 봉오리를 물고 있는 듯한 형상을 하고 있으며 꼭대기에 날개를 활짝 편 봉황이 우뚝 서 있다. 향로 뚜껑은 불로장생의 신선들이 살고 있다는 삼신산을 표현했는데 신선으로 보이는 각종 인물과 호랑이·사슴·코끼리·상상의 동물 등 신조,

백제금동대향로와 세부 조각.

국보 287호, 국립부여박물관 소장

신수·바위·폭포·물가 풍경이 실감나게 묘사돼 있다. 위덕왕은 서로 다른 생명체가 공존하는 낙원의 모습을 향로에 담아 백제의 영원불멸을 간절히 염원한 것이다.

대향로는 위덕왕 사후에도 '성왕의 분신'인 동시에 백제 왕실을 지켜주는 상징물로 여겨졌다. 귀중한 향로가 적들의 수중에 들어간다면 유린당할 게 뻔하다. 660년 나당 연합군이 사방에서 몰려드는 위급한 상황에서 이런 사실을 잘 알고 있는 승려들은 향로를 지키기 위해 허둥대며 숨길 곳을 찾았을 것이다. 그리고 물통을 발견했을 것이다. 물속에서 공기와 접촉 없이 보관된 덕분에 1300년이 지나도록 당시 모습을 그대로 간직한 것은 역사의 아이러니가 아닐 수 없다.

고구려 미천왕과 연나라 장수를 함께 묻은 이유는?

고구려 왕족 출신인 을불乙弗은 어린 시절을 매우 불우하게 보냈다. 큰아버지인 고구려 14대 봉상왕烽上王(재위 292~300)은 폭군으로 악명이 높았다. 봉상왕은 숙부인 달가達賈(?~292)가 280년 숙신肅愼과의 전쟁에서 승리한 후 백성들의 존경을 받자 이를 시기해 즉위와 동시에 누명을 씌워 죽여 버린다. 이어 의심의 눈초리를 친동생 돌고咄固(?~293)에게 돌려 역심을 품었다며 살해한다. 을불은 돌고의 아들이다. 을불은 살아남기 위해 궁궐에서 몰래 도망쳐 머슴살이와 소금장수를 전전하면서 비참한 생활을 거듭한다. 봉상왕은 끊임없이 사람을 시켜 조카를 찾아내 죽이려고 하지만 을불은 매번 가까스로 위기를 모면한다.

봉상왕은 흉년이 들어 굶주리는 백성을 끌어다가 궁궐 짓는 일을 시키기도 했다. 국상國相인 창조리倉租利(?~?)가 공사 중단을 간청했지만 듣지 않았다. '지금의 왕으로는 안 되겠다'고 생각한 창조리는 여러 대신이

자기와 뜻이 같음을 알고 마침내 봉상왕을 왕위에서 몰아냈다. 봉상왕은 스스로 목숨을 끊었고, 두 아들도 따라 죽었다. 창조리는 비류강에서 배를 타고 있던 을불을 모셔와 옥새를 바쳤는데 그가 바로 고구려 15대 미천왕美川王(재위 300~331)이다. 미천왕은 고구려 영토를 크게 확장시킨 왕이다. 낙랑군과 대방군 등 중국 세력을 몰아냈으며 한반도에서 요동으로 넘어가는 교통의 요지인 서안평西安平(요령성 단동)을 점령하기도 했다.

1949년 황해도 안악군 오국리에서 고구려 귀족들의 생활 모습을 담은 화려한 벽화가 그려진 고분이 발견됐다. '안악 3호분'으로 불리는 무덤이다. 안악 3호분은 주인공 부부를 중심으로 깃발을 들고 있는 의장 기수, 왕을 보좌하는 관직명인 '장하독帳下督'과 도끼를 든 무사 부월수斧鉞手, 격투기인 수박희手搏戲(택견)를 하는 병사 등이 마치 살아 있는 듯 생동감 있게 표현돼 있다. 여인 세 명이 부엌에서 일하는 모습과 노루, 돼지 등의 고기가 쇠갈고리에 매달려 있는 푸줏간과 차고, 마구간, 외양간 등의 그림은 당시 고구려 지배층의 생활상을 잘 보여 준다.

과연 이 무덤의 주인은 누굴까? 장하독 머리 위에 단서가 될 만한 묵서명墨書銘이 적혀 있다.

영화 13년(357) 10월 무자삭 26일 계축 사지절使持節에 도독제군사都督諸軍事, 평동장군平東將軍, 호무이교위護撫夷校尉, 낙랑상樂浪相, 창려昌黎, 현도玄菟, 대방태수帶方太守, 도향후都鄕侯인 동수冬壽가 69세에 죽었다. 동수는 유주 요동군 평곽현 도향 경상리 출신으로 자는 안이다.

벽화 속 안악 3호분의 주인공 모습.
동북아역사재단 제공

　　무덤 속에서 이처럼 명확한 묵서명이 발견됐다는 이유로 피장자가
동수라는 설이 일찍부터 제기됐다. 하지만 반론도 만만찮다. 《자치통감》
에 따르면 동수는 연나라 왕 모용황慕容皝(재위 333~348)이 왕위에 오르자
이에 불만을 품고 반란을 일으킨 아우 모용인慕容仁 측에 가담해 싸우다가
모용인이 패하자 고구려로 망명해 온 인물이다.

　　그런데 무덤은 망명객의 신분에 어울리지 않을 만큼 방대하고 화려
하다. 벽화의 중심인물은 흰 비단으로 만든 '백라관白羅冠'을 쓰고 있다.
고구려는 신분에 따라 복식과 관모를 달리했다. 《구당서》엔 "고구려는 오
직 임금만이 백라관을 쓰고 벼슬이 높은 자는 푸른 비단의 청라관靑羅冠

관리의 일종인 장하독의 머리 위에 무덤의
주인공이 동수라고 적혀 있다.

을, 그 다음은 붉은 비단의 비라
관緋羅冠을 착용한다"라고 기록
됐다.

임금만이 쓸 수 있는 백라
관을 일개 지방관에 불과한 동
수에게 씌울 수는 없는 일이다.
묵서명이 나열하고 있는 동수의
벼슬을 보더라도 도독제군사,
평동장군, 호무이교위는 태수급
의 장군 벼슬이며, 낙랑상은 낙
랑군의 장군으로 역시 태수급
직위다. 창려, 현도, 대방태수는
군의 장관이며 도향후는 태수급
의 장군에게 하사하는 작위다. 동수가 받은 직위는 명목상의 관직에 불과
했을 것이다. 낙랑, 창려 등의 지역이 당시 연나라에 속했기 때문이다.

피장자가 중앙에 앉아 좌우 신하들에게 보고를 받거나 명령을 하는
모습은 왕을 떠올리게 한다. 출입구 좌우의 수문장 격인 무관 바로 옆에
붉은 글씨로 장하독이라는 관직명이 적혀 있는데, 이는 피장자가 왕이라
는 사실을 뒷받침하는 결정적 증거로 언급된다.

피장자가 탄 수레 앞에는 '성상번聖上幡'이라고 쓴 표식기를 든 인물
이 서 있다. 성왕聖王이나 성상聖上이니 하는 표현 역시 국왕만이 사용할
수 있다.

250명 이상의 인물이 등장하는 출행도.

이런 규모의 행렬은 왕이 아니면 동원할 수 없다. 동북아역사재단 제공

회랑에는 10.5미터에 걸쳐 무려 250명 이상의 인물이 등장하는 무덤 주인의 '출행도'가 그려져 있다. 북과 종, 요鐃 등 타악기와 작은 뿔나팔을 부는 고취鼓吹군악대만 64명에 달하는 장엄한 행렬이다. 황해도 일부를 다스리는 토호의 행차에는 동원할 수 없는 규모다.

안악 3호분의 주인이 동수가 아니라면 도대체 누굴까? 북한은 동수의 무덤이 아니라고 뒤집은 후 미천왕이라고 주장하다가 다시 16대 고국원왕故國原王(재위 331~371)이라고 수정했지만 국내 학계에서는 여러 정황상 고국원왕보다는 그의 아버지 미천왕일 가능성이 높다고 판단한다. 고국원왕은 동수가 죽고 14년이 흐른 뒤에 사망한다. 14년 전에 죽은 동수의 시체를 일부러 파서 고국원왕이 사망한 뒤에 왕릉에 함께 매장하는 일은 있을 수 없다.

반면 미천왕은 동수보다 16년 먼저 죽었다. 미천왕은 왕위에 오르기 전에 수차례 죽을 고비를 넘겼지만 사후에도 편치 못했다. 연나라 모용황은 호시탐탐 고구려를 노렸다. 고국원왕 9년(339)에 고구려에 쳐들어왔다가 세자의 입조를 조건으로 철군했다. 고국원왕 12년(342) 고구려가 환도성과 국내성을 수축하면서 결전의 의지를 다지자 연나라는 5만 5000명의 대군을 이끌고 다시 침략했다. 싸움에 대패한 고국원왕이 단기로 단웅곡까지 도망가자 모용황은 미천왕의 왕비 주씨, 고국원왕의 왕비, 고구려 남녀 5만 여 명을 사로잡았고 미천왕의 능을 파헤쳐 시신을 탈취해 가는 만행을 저질렀다.

고국원왕은 343년 동생을 연나라에 보내 칭신입조稱臣入朝의 굴욕을 감수하면서 아버지 미천왕의 시신을 되찾아 왔다. 그해 고국원왕은 연나라의 위협에 대비해 일시적으로 평양으로 천도한다. 미천왕의 최초 무덤은 여느 고구려 왕들처럼 국내성 부근에 있었을 게 분명하다. 하지만 수도까지 남쪽으로 옮긴 상황에서 어렵게 되찾은 부왕의 시신을 언제 또 다시 파헤쳐질지 모르는 북방에 모시지는 않았을 것이다.

이후 고국원왕은 끌려간 어머니 주씨를 모셔 오기 위해 각고의 노력을 다했고 결국 13년이라는 세월이 흐른 뒤 귀국시킬 수 있었다. 연나라에서 온갖 고초를 겪은 왕모 주씨는 귀국 후 곧 사망했고, 남편 능에 합장된다.

그런데 그들의 무덤에 동수의 묵서명이 있는 이유는 뭘까? 동수는 원수 같은 모용황을 내쫓기 위해 싸운 연나라 사람이다. 고국원왕은 모용황에게 시신을 탈취당한 미천왕과 13년간이나 납치된 왕비 주씨의 영혼을 달래고 그들의 무덤을 지켜 주기 위해 동수를 함께 매장한 것이 틀림없다.

허황옥이 한반도에
처음 **불교**를 전했다?

《삼국유사》에는 아유타국阿踰陀國(갠지스 강 유역에 있던 고대 인도의 아요디아Ayod-
hya 왕국으로 추정)의 공주 허황옥許黃玉이 서기 48년에 한반도로 와서 당시
경남 김해 지역에 있던 가락국의 김수로왕과 결혼했다는 로맨틱한 얘기
가 실려 있다. 부부는 아들 열과 딸 둘을 낳고 가락국을 태평성대로 이끈
다. 김수로왕의 아들 중 첫째는 다음 왕이 되고 둘째와 셋째는 김해 허씨
의 시조가 됐다.

어떤 학자는 허황옥이 기원전 2세기쯤 인도의 아요디아 왕국을 떠나
중국 사천성 지방의 안악安岳에 정착한 집안의 후손이며 47년 사천 지방
에서 반란이 일어나자 중국 하북 지역 우창武昌을 거쳐 48년에 가락국에
도착했다고 주장한다. 《삼국유사》에 허황옥이 금수錦繡(수놓은 비단)와 능라
綾羅(무늬 비단) 등을 기록할 수 없을 만큼 많이 갖고 왔다고 기록돼 있는데,
이 물품들이 중국산일 개연성이 높아 허황후의 중국 경유설에 설득력을

김해 수로왕릉과 수로왕비릉.

수로왕릉은 순장을 했던 것으로 전하며 두 무덤 모두 임진왜란 때 도굴되었다는 기록이 있다.

경남 김해시 소재

김해 파사석탑.
경남 김해시 소재

더한다.

그 외에도 타이 방콕 북부의 고대 도시 아유타야와 관련이 있다는 설, 일본 규슈 지방에서 도래했다는 설, 중국 전·후한 교체기 발해 연안에서 남하한 동이족 집단이라는 설도 있다. 하지만 인도 도래설을 뒤엎는 결정적 증거는 제시되지 못했다.

《삼국유사》에는 허황옥이 가락국에 올 때 파도와 바람을 잠재우기 위해 파사석탑婆娑石塔을 배에 싣고 왔다고 기록돼 있다. 이 석탑은 현재 구지봉 동쪽 수로왕비릉 앞에 있다. 본래 호계사라는 절에 있었으나 조선시대 김해 부사 정현석鄭顯奭(?~?)이 옮겼다고 한다. 붉은빛이 도는 돌은 인도가 원산지로 우리나라에서는 발견되지 않는다는 주장이 일각에서 제기된다. 탑의 형식도 인도의 아잔타Ajanta 동굴사원 등에서 볼 수 있는 불탑과 유사하다. 이와 관련해 학계에선 2004년 허황옥의 후손으로 추정되는 김해 예안리 고분 왕족 유골의 DNA를 분석해 유골의 주인공이 남방계라는 결론을 내리기도 했다.

1~2세기 유적인 전남 해남군 군곡리 패총과 3세기 유적인 경남 창원시 삼동동 옹관묘에서는 인도산 유리구슬이 출토됐다. 유리구슬은 인도 동남부 해안에서 기원전 3세기부터 기원후 3세기까지 생산됐는데 한반도 남부를 비롯해 말레이시아, 인도네시아, 타이, 베트남 등에서 발견

돼 '인도-퍼시픽 유리구슬'로 불린다. 허황옥이 가야로 올 당시 이미 횡단 해로를 통해 한반도가 인도, 동남아시아와 교류했음을 보여 주는 증거다.

그런데 허황옥이 과연 한반도에 불교를 전파했을까? 출신지 못지않 게 논란을 빚는 부분이다.

수로왕은 가락국을 세운 후 궁궐 자리를 알아보다가 신답평新畓坪이 라는 곳에 이르러 "16나한과 7성이 살 만한 곳"이라며 흡족해 했다. 16나 한은 석가의 16제자이며 7성은 도를 깨우친 최고의 불자들이다. 또 4년 동안 흉년이 들자 수로왕이 부처님께 청해 설법을 하니 흉년을 몰고 온 악귀들이 굴복했다고 한다. 가락국을 지칭하는 '가야' 역시 인도어로 불 교와 관련된 지명에서 어원을 찾기도 한다.

왕후의 오빠 장유화상長游和尙(허보옥)은 승려로 가락국의 국사를 맡아 불교 전파에 힘썼다. 김해 불모산 장유사長遊寺에 있는 선사의 화장터와 사리탑 및 기적비, 왕과 왕후가 만난 곳에 세워진 명월사明月寺 사적비에 장유화상의 포교 활동을 보여 주는 유물과 기록이 있다. 그는 만년에 지 리산으로 들어가 왕후의 일곱 아들을 성불케 하고 칠불암을 짓기도 했다.

김해 시내에 있는 수로왕릉 정문에는 두 마리의 물고기를 새긴 쌍어 무늬와 활, 연꽃 봉오리, 남방식 불탑 장식이 단청으로 그려져 있으며 능 의 중수기념비에는 풍차 모양의 태양 문장이 새겨져 있다. 인도 아요디아 에서 지금도 건축에 흔히 쓰는 장식과 조각이다. 이 중 쌍어무늬는 물고 기가 인간을 보호하는 영특한 존재라고 믿어 고대 바빌로니아인들이 신 앙의 상징으로 삼던 장식이다. 이 같은 전통이 중앙아시아를 거쳐 인도로 전해져 힌두교의 여러 신상 중 하나로 섬겨졌다. 가락국의 옛 땅이던 김

수로왕릉 정문 현판 바로 옆에 새겨진 쌍어문.

해의 은하사銀河寺, 합천의 영암사靈巖寺 터 등에도 쌍어무늬가 남아 있다.

우리나라 불교는 중국을 통한 북방 루트로 들어왔다는 게 통설이다. 실제 고구려는 372년 소수림왕小獸林王(재위 371~384)이 중국 전진前秦의 왕 부견符堅이 보낸 승려 순도順道를 맞아 절을 세우고 제자를 키운 것이 불교의 시작이고, 백제는 384년 침류왕枕流王(재위 384~385)이 중국 동진을 거쳐 들어온 서역승 마라난타摩羅難陀(?~?)를 궁중에 받아들인 후 수도에 절을 건립한 것이 불교의 개척이다. 이보다 좀 늦은 신라는 아도화상阿道和尙(?~?)의 전도 활동으로 5세기 눌지마립간訥祇麻立干(재위 417~458) 때 신도가 급격히 늘자 6세기 전반 법흥왕이 불교를 공식적으로 받아들이려고 했지만 귀족들이 반발했고 이차돈異次頓(506~527)의 순교를 계기로 불교를 허용했다.

신라에 불교를 전파한 아도화상은 고구려 사람으로 3세기 중반 중국 위나라의 아굴마我崛摩가 고구려에 사신으로 왔다가 고구려 여인 고도녕高道寧과 사통해 낳은 자식이다. 고도녕은 독실한 불교 신자였으며 아도화상을 다섯 살 때 출가시킨다. 공식적으로 불교가 전래되기 100여 년 전부터 고구려에는 불교가 성행했음을 알 수 있다. 한성 시대 백제의 영역이던 한강 뚝섬에서 건무 4년(338)이 명기된 금동불좌상이 발견된 것으로 미뤄 백제에서도 민간에서는 오래전부터 불교를 믿었으리라 추측된다.《삼국유사》에는 아도화상이 신라에서 포교 활동을 하기 전 고구려의 승려 정방과 감구빈이 포교 활동을 하다가 순교한 사실이 적혀 있다. 신라 역시 민간에서는 아도화상 이전에 이미 불교가 널리 퍼져 있었다.

금강산 유점사楡岾寺 53불상에 관한 기록은 매우 의미심장하다. 고려 때 민지라는 사람이 쓴 〈금강산 유점사 사적기〉에 따르면 인도의 문수보살이 53불상을 배에 실어 보냈는데 신라 남해차차웅南解次次雄(재위 4~24) 원년(4) 안창현(강원도 간성) 포구에 표착했으며 국왕의 명령에 따라 유점사에 봉안됐다.

허황옥이 우리나라에 불교를 최초로 전파했는지는 명확치 않으나 인도 불교가 중국을 거치지 않은 채 남방 해로를 통해 한반도에 일정 부분 영향을 준 것은 의심의 여지가 없는 듯하다.

미스터리 왕국 가야는
어디로 사라졌나?

국도 7호선을 따라 남쪽에서 강원도 동해시 북평국가산업단지로 진입하다 보면 오른쪽에 고분군 하나가 눈에 들어온다. 추암 고분군이다. 근처 바닷가엔 촛대바위로 유명한 추암해수욕장이 있다. 고분군엔 좌우로 길쭉한 무덤 세 기와 둥그런 무덤 한 기가 나란히 있다. 왼쪽 세 기는 42 · 43 · 44호 무덤, 오른쪽은 26 · 27 · 28호 무덤이다. 43호 무덤은 안을 들여다볼 수 있는 시설도 갖춰져 있다.

원래 고분군은 현재 위치에서 400미터 북쪽에 있었지만 1993년 북평국가산업단지가 조성되면서 옮겨졌다. 고분이 있던 북평동 일대는 삼한시대 '실직국悉直國'에 속했으나 서기 104년(파사이사금 25) 신라에 의해 멸망했다. 관동대박물관 등이 산업단지 조성에 앞서 실시한 유적지 발굴 조사에서 5세기 후반에서 7세기 중반에 이르는 신라 고분 64기가 확인되기도 했다.

동해 추암동 고분군에서 출토된 신라 동관의 원래 모습과 복제품.
관동대박물관 사진

　지금은 남아 있지 않지만 21호 무덤에서는 강원도 최초로 동관이 출토됐으며 2~6명의 사람 뼈도 발견됐다. 또한 장신구 두 점, 쇠칼, 쇠화살촉, 쇠도끼, 쇠낫 등 철기류 서른여섯 점, 토기 등 총 370여 점의 유물이 나왔다. 특이한 것은 34~44호 무덤 속에서 신라 토기와 함께 고령의 대가야 토기 30여 점이 수습됐다는 점이다. 왜 경상도 남부의 유적이 멀리 강원도 무덤 속에 들어 있을까? 그 이유를 알려면 가야의 역사를 살펴봐야 한다.

　가야는 고구려, 백제, 신라 등 삼국과 활발하게 교류·대립했으며 우리 고대사에서 중요한 부분을 차지한다. 가야는 '철의 나라'였다. 대가야

5세기 금관가야에서 만든 기마 인물형 토기.
국보 275호, 국립중앙박물관 소장

사슴이 있는 구멍단지(5~6세기).
국립중앙박물관 소장

가 있던 고령 지산동 고분군이나 금관가야의 김해 대성동 고분군에서 철제 갑옷, 철제 투구, 철제 말 갑옷 등 고구려·백제·신라에서는 찾아보기 힘든 높은 수준의 무기류가 다량으로 출토되었다. 가야는 지리적 이점을 적극 활용해 중국과 경상도 내륙의 여러 국가 및 왜를 연결하는 중계무역으로 크게 번영했다. 하지만 안타깝게도 가야와 관련한 기록은 거의 남아 있지 않다.《삼국사기》와 《삼국유사》, 중국의 《삼국지》·《남제서》, 일본의 《일본서기》 등 사서와 《신증동국여지승람新增東國興地勝覽》·《대동지지大東地志》 등 지리서, 광개토대왕릉비 등 금석문을 통해 그 존재를 어렴풋이 짐작할 뿐이다.

가야의 건국 설화는 《삼국유사》와 《신증동국여지승람》에 전한다. 《삼국유사》엔 우리나라에서 가장 오래된 가요인 〈구지가龜旨歌〉가 있다. 서기 42년 3월 3일 사람들이 구지봉龜旨峯에 모여 '자라야 목을 내밀지 않으면 구워 먹겠다'고 노래 부르자 하늘에서 황금알 여섯 개가 내려온 뒤

대가야에서 만든 뚜껑 손잡이 그릇과 금귀고리.
국립중앙박물관 소장

동자들로 화신化身해 금관가야(김해), 아라가야(함안), 고령가야(상주 함창), 대가야(고령), 성산가야(성주), 소가야(고성) 등 여섯 나라의 임금이 됐다는 내용이다. 《신증동국여지승람》에는 가야산의 여신이 하늘신과 부부가 돼 두 아들을 낳았는데 형 '뇌질주일惱窒朱日'은 자라서 대가야의 첫 임금 '이진아시왕伊珍阿豉王'이 됐고, 아우인 '뇌질청예惱窒靑裔'는 금관가야의 '수로왕首露王'이 됐다고 쓰여 있다.

《삼국사기》 등에 따르면 기원을 전후해 철기가 전래되면서 한반도에는 부족국가 형태의 소국이 속속 들어선다. 한반도 남부는 전라도와 충청도 일대에 마한 54국, 경북 일원에 진한 12국, 경남 일원에 변한 12국 등 소국 연맹체가 형성됐다. 소국 가운데 큰 나라는 4000∼5000가구, 작은 나라는 2000가구 수준이었다. 마한은 백제로, 진한은 사로국의 신라로 발전하지만 변한은 장기간 통합되지 못한 채 연맹체 형태의 가야 제국으로 이어진다. 처음에는 철광석 생산지인 김해의 금관가야가 연맹의 맹주 역할을 했다.

　가야는 가야加耶·伽耶·伽倻, 가라加羅, 가량加良, 가락駕洛, 구야狗邪·拘邪, 임나任那 등 다양한 명칭으로 불렸다. 4세기 이후 백제는 고구려의 남진을 저지하기 위해 왜·가야와 동맹을 맺었다. 400년, 왜 등이 고구려 편에 섰던 신라를 공격하자 고구려 광개토대왕은 기병 등 5만을 보내 신라를 구한 다음 임나의 종발성까지 진격했다. 고구려군의 침공으로 김해를 비롯한 경남 해안 지대의 가야국은 심각한 타격을 입고 와해된다. 금관가야의 대표적 고분인 김해 대성동 고분이 300년 말까지 축조되다 400년부터 나타나지 않는 것도 이를 반영한다.

　그러나 가야 세력은 5세기 후반 내륙의 대가야를 중심으로 다시 결집한다. 중국《남제서》에 479년 대가야 국왕 '하지荷知'가 남제에 사신을 보내 '보국장군본국왕'을 제수받았다는 기록이 있다. 중국과 교류할 만큼 가야의 세력이 컸다는 사실을 의미한다. 481년 3월에는 고구려가 신라의 미질부彌秩夫(경북 포항)를 침략해 오자 가야·백제 연합군이 물리쳤다. 가야가 제2전성기를 맞은 셈이다. 법흥왕 이후 신라가 가야 지역으로 무력 진출하면서 가야의 위기는 커진다. 532년 유명무실한 금관가야가 신라에 먼저 항복했다. 가야는 백제·왜와의 연합을 추진해 554년 관산성을 공격하지만 신라군에 대패한다. 백제 성왕이 전사한 전투다. 562년 대가야는 신라 이사부의 대군을 맞아 멸망하고 연맹체도 소멸한다.

　또한 문헌에 나오는 가야계 유민은 드물다. 우륵과 김유신 가계 정도가 고작이다. 가야금을 만든 우륵于勒(?~?)은 대가야가 어려워질 것을 예견하고 미리 신라에 망명했다. 그는 신라에서 가야금을 전수해 명성을 떨쳤다. 삼국 통일을 이끈 김유신金庾信(595~673)은 금관가야의 마지막 왕 김구해金仇亥의 증손자다.

신라는 끝까지 저항한 대가야에 감정이 극도로 나빴다. 그래서 학계에서는 대가야의 지배 세력이 재집결하지 못하도록 당시로서는 변방이던 강원도 추암으로 이주시켰다고 분석한다. 그 근거로 두 지역이 지리적으로 떨어져 있어 교류 가능성이 희박한데도 가야식 유물이 집중적으로 나오는 점을 든다. 가야계 유물이 대가야 멸망 시기에 집중된 점도 중요한 증거다. 물론 일본 열도로 도피한 가야 유민도 많았을 것이다.

정복 지역의 주축 세력을 와해시키기 위해 강제 사민책徙民策이 이용된 사례는 많다. 《삼국사기》에 따르면 사로국(신라)은 146년(일성逸聖이사금 13) 10월 압독국押督國(경북 경산)이 반란을 일으키자 병사를 일으켜 진압해 흡수한 뒤 주민 모두를 사로국 남쪽으로 강제 이주시켰다.

추암 고분군의 가야계 유물은 일정 시기 이후엔 자취를 감춘다. 유민들의 자손에 이르러 신라화가 이뤄졌으리라 짐작된다. 흔적 없이 자취를 감췄다고 여겨지던 1500년 전 가야 유민들은 타국의 변방에서 모진 목숨을 이어 가며 망국의 한을 달랬던 것이다.

강원은 신라,
전북은 가야 영토

"울릉도 동남쪽 뱃길 따라 200리"로 시작하는 〈독도는 우리 땅〉의 독도가 우리 땅에 편입된 것은 "지증왕 13년 섬나라 우산국"이라는 노래가사처럼 신라 때다. 다음은 《삼국사기》 대목이다.

우산국은 지세가 험한 것을 믿고 굴복하지 않았다. 하슬라(何瑟羅 주(강원 강릉) 군주로 임명된 아찬 이사부가 나무로 만든 사자를 전함에 나눠 싣고 그 나라 해안에 이르러 '무릎을 꿇지 않으면 이 사나운 짐승을 풀어 죽이겠다'고 위협했다. 지증왕 13년(512) 6월 우산국이 즉시 항복하고 해마다 토산물을 공물로 바치기로 했다.

그동안 위 인용문을 입증할 고고학적 증거를 찾지 못했다. 그러다가 2012년 강원도 강릉시 강문동 해안가 현대호텔 신축 예정지 발굴 조사에

동해안과 바로 인접한 강릉 강문동 현대호텔 신축 예정지에서 출토된 이사부 시대(5세기 말~6세기 초) 신라
토성과 유물.
국강고고학연구소 사진

서 신라 토성과 유물이 대거 출토됐다. 조사 결과 토성을 5~6세기 무렵
신라가 쌓았다는 사실을 밝혀냈으며 물을 빼내던 배수 시설, 지름과 깊이
가 각각 2미터가량인 대형 저장 구덩이 다섯 곳 등도 확인됐다. 배수로 내
부에서는 지름 6센티미터 정도에 두께 2밀리미터, 너비 5밀리미터, 무게
21그램인 순금 고리형 장식물도 발견됐다.

순금 장식물은 크기를 볼 때 팔찌라기보단 특정 물건을 장식한 것으
로 볼 수 있다. 당시 신라에서는 진골조차 금을 사용할 수 없게 한 점을
고려할 때 성주는 왕족이었으리라 유추된다. 내물奈勿마립간(재위 356~402)

주택가에 위치한 강릉 초당동 고분군 발굴 현장.
강원문화재연구소 사진

의 4대손인 왕족으로 하슬라의 총책임자인 이사부가 이 장식물의 주인은
아니었을까. 특이한 것은 토성 축성 양식이 백제식의 전형이라 할 만한
판축版築 기법이라는 점이다. 장수왕의 신라 침범에 맞서 신라와 백제 연
합군이 강릉까지 반격했다는 기록으로 미뤄 볼 때 백제가 강릉에 축성하
는 데 도움을 줬다고 해석해야 한다.

　　강원도 동해안은 애초 우리 민족의 한 부분을 구성하는 예濊족의 땅
이었다. 바다에 접해 어업과 농경이 고루 발달했을 뿐만 아니라 해로 교
역을 통해 경제적으로도 윤택했다. 이런 지정학적 가치로 인해 줄곧 강대
국의 침략을 받아야만 했다. 위만조선, 한사군에 이어 2세기 후반부터는

고구려의 지배하에 놓였다. 신라(사로국)는 이보다 조금 이른 시기 강원도 남부에 진출한다. 5대 파사이사금婆娑尼師今(재위 80~112) 때다. 삼척 지역에 실직국이라는 고대 국가가 있었는데 102년(파사이사금 23)에 자진 항복했으며 104년 반란을 일으켰다가 진압돼 주민 모두 사로국 남쪽으로 강제 사민됐다고 《삼국사기》에 적혀 있다. 하지만 이 지역을 실질적으로 영토에 편입시킨 것은 한참 후의 일로 추정된다.

그리고 그동안 실체를 제대로 알 수 없던 신라의 강릉, 삼척 지역 진출 과정이 고고학적 유물 발견을 통해 조금씩 윤곽이 드러났다. 강릉 초당동 고분군(31기)에서는 금동관과 금동 고리 손잡이 칼, 금동 허리띠 장식, 굵은 고리 금귀고리 등 금은 장신구와 토기 등 5세기 중반 신라 유물이 대량으로 쏟아져 나왔다. 이 가운데 금동관은 전형적인 신라의 출ㅂ 자형 관으로 피장자가 이 지역 최고 지배자였음을 증명한다.

강릉에서 40여 킬로미터 남짓 남쪽에 위치한 동해 추암동에서는 이보다 약간 품격이 떨어지는 동관과 각종 장신구 등이 출토됐다. 유물의 등급이 높을수록 그 지역을 완전하게 지배했다는 것을 의미한다. 강릉을 손에 넣은 뒤에야 비로소 강원도 해안 지역에 대한 지배력이 확고해졌음을 알 수 있다. 5세기 중반 이후면 20대 자비慈悲마립간(재위 458~479)과 21대 소지炤知마립간(재위 479~500) 시기다.

남쪽으로 눈을 돌려보면, 전북 지역에서 가야의 유적이 연속 출토돼 비상한 관심을 끈 적이 있다. 2013년 전북 장수군 삼봉리 고분군 발굴 과정에서 마구 장식과 항아리, 목관 꺾쇠 등 다양한 유물이 나왔다. 고분 형태나 출토품이 대다수 가야 양식이었다. 조성 시기는 백제가 서남부 지역

가야계 공동묘지로 추정되는 전북 남원시 아영면 두락리
고분군 발굴 전경. 금동신발과 청동거울이 출토됐다.
전북대박물관 사진

6세기 무렵 가야가 축조한 대형
고분으로 드러난 전북 장수군 삼봉리
고분군에서 나온 유물들.
전주문화유산연구원 사진

에서 영향권을 강화하던 6세기로 추정된다. 지름 20미터가 넘는 대형 고분을 포함해 중대형 고분 200여 기가 군집해 있는 것으로 조사됐다. 이는 기존 가야 영역에서도 찾기 힘든 규모다. 고분의 엄청난 양과 규모는 또 다른 가야 연맹체의 존재 가능성도 뒷받침한다. 1996년 발굴된 전북 장수군 천천면 삼고리 고분군도 가야계 석곽묘石槨墓(돌덧널무덤)로 확인됐다.

전북 남원시 운봉고원 역시 백제의 영역이었으리라 생각돼 왔지만 월산리 고분군이 발굴되면서 상황이 바뀌었다. 1982년 발굴 조사에서 백제의 고분일 것이라는 예상과 달리 가야계 철제 무기와 갑옷·투구, 토기들이 다수 수습된 것이다. 주변의 두락리 고분군과 건지리 고분군 등 운봉고원 일대의 고분을 모두 합하면 거의 100여 기에 달한다.

가야 연맹은 초기엔 금관가야가 주도권을 쥐었으나 4세기 이후에는 경북 고령에 근거한 대가야가 맹주로 군림한다. 학계는 5세기 초반 국력이 강성해진 신라가 낙동강 유역을 차지하면서 교역로를 빼앗긴 대가야가 섬진강 일대를 확보하기 위해 전북 지역으로 진출했으리라 본다. 백제는 당시 고구려와 치열한 접전을 펼치느라 이 지역을 제대로 돌아볼 겨를이 없었으며 더욱이 호남정맥湖南正脈(호남 지역을 남북으로 가로지르는 산맥)이 가로막아 직접 통치도 어려웠을 것으로 보이기 때문이다.

신라는 충청도에 있었다?

조선의 유민들이 산골에 나뉘어 살면서 여섯 마을을 이루고 있었다. 알천의 양산촌, 돌산의 고허촌, 취산의 진지촌, 무산의 대수촌, 금산의 가리촌, 명활산의 고야촌 등 여섯 마을은 진한 6부가 되었다. 고허촌의 촌장 소벌공蘇伐公이 어느 날 양산 기슭의 나정蘿井 옆에서 커다란 알을 발견했고 그곳에서 어린아이가 나오자 거둬 길렀다. 성은 박씨, 이름은 혁거세로 지었고 열세 살이 되자 6부 사람들이 임금으로 삼았으며 나라 이름을 서라벌(사로)로 정했다. 전한前漢 효선제 원년인 갑자년(기원전 57) 4월의 일이다.

《삼국사기》〈박혁거세朴赫居世(재위 기원전 57~4)〉 즉위년조의 기록이다. 신라는 박, 석, 김씨가 족단族團을 이루며 함께 통치하는 독특한 행태의 정치체제를 유지했다. 건국 초기 일곱 왕은 박씨에서 나오고 이후 아홉 왕은 석씨였다. 17대 내물마립간 이후에는 김씨 왕조 체제가 확립됐

나정 일대의 석재들.
나정은 신라의 시조 박혁거세가 태어난 전설이 있는 우물이다. 경북 경주시 탑동 소재

다. 하지만 김씨 왕조 아래에서도 박씨와 석씨는 주요 귀족으로서 지위
를 누렸고, 왕비를 배출하거나 왕과 동등한 자격으로 주요 정책 결정에
도 참여했다. 심지어 신라 말기에 박씨들은 왕도 배출한다. 53대 신덕왕神
德王(재위 912~917), 54대 경명왕景明王(재위 917~924), 55대 경애왕景哀王(재위
924~927)이 바로 박씨다.

　　고구려는 부여에서 떨어져 나왔고 백제는 고구려 유민이 세웠다. 그
러나 신라의 박, 석, 김씨 족단이 어디에서 왔는지는 명확치 않다. 다만
신라 역시 유민들에 의해 형성됐으리라 추정할 뿐이다.《삼국지》〈동이
전〉에 "진한辰韓의 노인들이 '우리는 옛날 중국에서 망명한 사람들로 진秦

나라의 고된 부역을 피해 한국韓國으로 왔는데 마한이 그들의 동쪽 땅을 분할해 우리에게 주었다. (중략) 진한은 처음에는 여섯 나라이던 것이 차츰 열두 나라로 나뉘어졌다'고 대대로 전해 말했다"라고 적혀 있다. 시황제의 진나라는 기원전 221년부터 기원전 206년까지 존속했다.

기원전 194년, 고조선의 준왕準王이 위만에게 나라를 빼앗겨 한반도 남쪽으로 내려오면서 또 한 차례 대량 유민이 발생한다. "위만의 공격을 받은 준왕은 궁중 사람들과 좌우 측근을 거느리고 바다를 건너 남쪽으로 내려가 한의 땅에 나라를 열고 마한이라 했다"라고 《삼국유사》에 기술돼 있다. 86년 뒤인 기원전 108년 위만조선이 한나라에 멸망하면서 사람들이 한반도 중남부로 또다시 유입된다. 따라서 진한의 6부는 이들 조선계 유민들에 의해 성립됐을 것으로 보인다.

그런데 어느 날 박혁거세가 등장해 이들과 결합해 사로국斯盧國을 건국하게 된다. 이후 석씨와 김씨가 속속 합류해 신라가 탄생한다. 《삼국사기》 등에 이들 세 성씨의 정체를 유추해 볼 수 있는 단서가 있다.

> 10월 백제 왕이 영토를 개척해 낭자곡성娘子谷城까지 이르렀다. 사신을 보내 만나기를 청했으나 임금은 가지 않았다.
>
> — 탈해이사금 7년(63)

> 8월 백제가 병사를 보내 와산성蛙山城을 공격했다. 10월 백제가 다시 구양성 狗壤城을 공격하자 임금이 기병 2000명을 보내 공격해 물리쳤다.
>
> — 탈해이사금 8년(64)

《삼국사기》엔 신라 4대 탈해脫解이사금(재위 57~80) 대 신라와 백제 간 첫 교전이 이렇게 기록됐다. 낭자곡성은 지금의 청주 일대, 와산성은 보은 지역으로 추정한다. 구양성은 현 위치가 정확치 않지만 역시 소백산맥 서쪽 주변으로 보인다.

이 시기 신라의 국호는 사로 또는 계림鷄林이었고 경주를 중심으로 한 소국에 불과했다. 경북 의성에 위치한 소문국召文國을 복속한 것이 탈해이사금의 손자인 벌휴伐休이사금(재위 184~196) 2년의 일이며 김천의 감문국甘文國을 편입한 것은 벌휴의 손자인 조분助賁이사금(재위 230~247) 때였다. 주변 국가도 정복하지 못한 채 멀리 소백산에서 백제와 교전을 벌였다는 것은 상식적으로 불가능하다. 결론적으로 《삼국사기》가 잘못 쓰였거나 초기에 신라가 경주에 위치하지 않았다고 볼 수밖에 없다.

안타깝게도 사로를 건국한 박씨 족단의 발상지는 알 길이 없지만 박혁거세를 경주의 토착 세력으로 보지 않는 것이 학계의 공통된 의견이다. 진辰의 북쪽 세력 등 북방의 앞선 문화권에서 남하했다는 설이 지배적인데 조선계의 후예일 것으로 이해한다.

석씨의 근거지는 문헌으로 유추가 가능하다. 신라의 첫 번째 석씨 왕인 탈해이사금은 동해안의 아진포阿珍浦를 통해 경주로 들어왔으며 그 전에 김해 가락국의 수로왕과 왕위를 놓고 다퉜다는 《삼국유사》의 설화가 전한다. 석씨는 2대 남해차차웅 때 신하로 받아들여졌다.

탈해가 스스로 야장冶匠이라고 한 것에서 그의 집단이 철과 밀접했음을 알 수 있고, 울산이 철산지여서 석씨는 울산의 지배자였을 가능성도 제기된다. 석씨는 수로왕에게 패해 사로국과 통합했고 신라는 이들의 우

신라 초기 왕조 계보

	칭호	성씨	재위	비고
1대	혁거세거서간居西干	박	기원전 57~기원후 3	국호 서라벌(사로)
2대	남해차차웅	박	4~24	혁거세거서간의 장자. 석탈해를 사위로 삼아 정사 일임
3대	유리이사금	박	24~57	남해차차웅의 장자
4대	탈해이사금	석	57~80	석씨 왕조 시조. 국호 계림으로 변경
5대	파사이사금	박	80~112	유리이사금의 차자. 월성 축성
6대	지마이사금	박	112~134	파사이사금의 장자
7대	일성이사금	박	134~154	유리이사금의 장자
8대	아달라이사금	박	154~184	일성이사금의 장자
9대	벌휴이사금	석	184~196	탈해이사금의 손자
10대	내해이사금	석	196~230	벌휴이사금의 손자
11대	조분이사금	석	230~247	벌휴이사금의 손자
12대	첨해이사금	석	247~261	벌휴이사금의 손자
13대	미추이사금	김	262~284	김씨 왕조 시조
14대	유례이사금	석	284~298	조분이사금의 장자
15대	기림이사금	석	298~309	조분이사금의 차자. 국호 신라로 변경
16대	흘해이사금	석	310~356	군신 추대
17대	내물마립간	김	356~402	각간 말구의 아들
18대	실성마립간	김	402~417	이찬대서지의 아들. 백성 추대
19대	눌지마립간	김	417~458	내물마립간의 아들
20대	자비마립간	김	458~479	눌지마립간의 장자. 나제 동맹
21대	소지마립간	김	479~500	자비마립간의 장자
22대	지증왕	김	500~514	습보 갈문왕의 아들. 왕 칭호
23대	법흥왕	김	514~540	지증왕의 장자. 율령 반포, 금관가야 정복

수한 제철 기술을 바탕으로 군사 강국으로 변모할 수 있었다.

김씨의 시조인 알지閼智(65~?)의 탄생 설화는 〈탈해이사금〉 9년조에 나타난다. "임금이 금성 서쪽 시림始林의 숲에서 닭 우는 소리를 듣고 날이 샐 무렵 사람을 보내 살펴보도록 하니 금빛 나는 궤짝이 있었다. 궤짝을 가져와 열자 그 속에 어린 사내아이가 들어 있었다. 임금이 거두어 기르니 자라나면서 총명하고 지략이 뛰어나 이름을 알지라고 했다. 금 궤짝에서 나왔다고 해서 성을 김씨라고 했다. 시림을 고쳐 계림이라 부르고 이를 나라 이름으로 했다."

첫 번째 김씨 왕은 알지 이후 '세한勢漢-아도阿道-수류首留-욱보郁甫-구도仇道'를 거쳐 알지의 7세손인 미추味鄒이사금(재위 262~284)에 이르러 실현됐다. 그런데 당대의 기록은 다른 사람을 김씨 시조로 표현한다. 682년경 건립됐다고 전하는 문무대왕릉비는 "(문무대왕의) 15대 조상인 성한星漢왕은 그 바탕이 하늘에서 내리고 그 영은 신선이 사는 큰 산에서 나와…"라며 김씨의 조상이 '알지'가 아닌 '성한'이라고 밝히고 있다. 다른 금석문도 모두 김씨의 조상으로 성한을 지목한다. 문무왕의 15대 조상은 세한이고, 세한이 곧 성한이다. 성한이 실질적으로 김씨 시조, 알지는 추존 시조로 이해된다.

성한왕은 어디에 있었을까? 신라 때 '국원國元'으로 불리던 지역이 있다. 바로 충북 충주다. 진흥왕은 심지어 이곳을 소경小京(신라 때 정치·군사적으로 중요한 지방에 특별히 둔 작은 수도)으로 삼고 왕경의 유력 집안과 그 자녀들을 이주시키기까지 했다. 왜 신라는 충주를 국가의 출발점으로 여기며 떠받들었을까? 충주는 철이 풍부했다. 한 국가의 도읍지로 손색없는 곳이다. 충주는 또 소백산맥에 인접해 있다. 탈해이사금 때 신라가 소백산맥 일원에서 벌인 대對백제전의 궁금증이 풀린다. 백제와 전쟁한 세력은 다름 아닌 충주를 지배하던 김씨 족단이었다.

누암리 고분군.
230여 기의 고분이 있다. 진흥왕이 충주에 중원 소경을 설치하고 귀족들을 이주시킨 사실을 증명하는
유적이다. 충북 충주 소재.

김씨가 신라에서 왕좌를 거머쥔 후 혁거세로 시작되는 경주 왕들의
재위 연대를 기준으로 김씨 족단의 충주 시절 동향을 부기附記하는 방식
으로 역사를 기술하면서 이런 현상이 생긴 것으로 보인다. 여러 역사를
혼합하는 방식은 고대 역사를 기술할 때 나타나는 공통된 경향이다.

그러면 박씨와 김씨는 언제 유입됐을까? 박씨 족단의 출현은 묘제나
토기 양식 변화로 짐작할 수 있다. 2세기 말부터 3세기 초까지 한반도 서
북부 계통의 토광목관묘土壙木棺墓(곽 없이 관만 있는 무덤)가 토광목곽묘土壙木
槨墓(나무 곽무덤, 덧널무덤이라고도 함)로 바뀌고 토기도 조합우각형파수부장경

호組合牛角形把手附長頸壺(쇠뿔 모양 손잡이 항아리)와 주머니호가 소멸하는 대신 대부장경호臺部長頸壺(굽 달린 긴 목 항아리), 노형토기爐形土器(화로 모양 토기)가 등장한다. 전면적으로 변화한 것으로 봐서 이때 외부에서 강한 문화적 충격이 있었다고 이해할 수 있다.

백제가 마한의 맹주 목지국目支國을 멸망시킨 일이 김씨 족단이 사로국과 통합하는 계기가 됐다. 백제는 경기 남부, 충남 북부를 차지했고 그 여세를 몰아 청주까지 쳐들어왔다. 5대 파사이사금 대까지는 김씨 족단이 편입했으리라 짐작된다. 6대 지마祇摩이사금(재위 112~134)의 부인 예례부인이 김씨이기 때문이다.

신라의 국호는 15대 기림基臨이사금(재위 298~310) 대에 정해졌다. 김씨는 13대 미추이사금을 배출한 이래 신라의 '제1왕족'으로 부상한다. 충주 김씨 국가의 명칭이 신라였는지 여부를 지금은 알 길이 없지만 신라가 충주에서 비롯했다고 해도 전혀 틀린 말은 아닐 것이다.

황룡사탑
복원 미스터리

선덕여왕 5년(636) 중국으로 유학 갔던 자장법사慈藏法師(590?~658?)가 태화
지太和池를 지나가는데 신인이 나타나 다음과 같이 이른다.

> 그대 나라는 여자가 왕위에 있으니 위엄이 없구나. 황룡사의 호법룡護法龍은
> 나의 맏아들이니 고국에 돌아가 절 안에 9층탑을 세워라. 그러면 9한韓이 조
> 공하고 왕업은 길이 편안할 것이니라.

그러나 당시 신라에는 그럴 만한 기술이 없었다. 그래서 보물과 비단
을 가지고 백제로 가서 도움을 청했고 명인 아비지阿非知(?~?)가 백제 왕
의 명을 받고 신라로 왔다. 아비지는 처음 기둥을 세우는 날 백제가 멸망
하는 꿈을 꾸고 놀라서 공사를 중단시켰다. 그러자 갑자기 대지가 진동하
면서 깜깜해지더니 어둠 속에서 노승 한 명과 장사 한 명이 금전문金殿門

황룡사 조감도.
국립문화재연구소 소장

에서 나와 기둥을 세우고 사라졌다.《삼국유사》〈탑상〉편에 나오는 대목
이다.

황룡사 9층탑은 현존하지는 않지만 '호국불교의 상징'이자 '한국 고
대 건축의 최고봉'이다. 고려 중기 문인 김극기金克己(?~?)가 "(황룡사 탑 위에
서) 동도東都를 내려다보니 집들이 벌집처럼 아련하다"라고 읊을 만큼 탑
은 하늘을 찔렀다.

탑이 평지 위에 홀로 우뚝 솟아 있다 보니 벼락으로 인한 피해가 유
난히 많았다. 선덕여왕善德女王 19년(645)에 탑이 처음으로 완성된 뒤로 신
라와 고려에 걸쳐 무려 다섯 번이나 벼락을 맞았다. 탑은 성덕왕聖德王 19

년(720), 경문왕景文王 12년(872), 고려 현종顯宗 13년(1021) 등 세 차례나 다시 지어졌다. 그러다가 고종高宗 25년(1238) 몽골군에 의해 탑과 대불大佛인 장육존상丈六尊像, 절의 전각이 잿더미로 변했다.

황룡사탑을 복원하는 작업은 2000년 착수돼 아직도 계속되고 있다. 국립문화재연구소가 중심이 된 복원팀이 애초 탑의 원형으로 삼은 것은 경문왕 대에 중건된 탑이다. 금동사리외함에 새겨진 이때의 찰주본기刹柱本記가 유일하게 지금까지 전하기 때문이다. 찰주본기에는 중수 사실 등이 적혀 있다. 그렇지만 결정적으로 탑 구조를 알 수 있는 문헌은 전혀 남아 있지 않다. 찰주본기에도 그런 내용은 없다. 경주 남산 탑골 마애조상군에 새겨진 9층탑이 황룡사탑으로 거론되지만 개략적인 겉모양일 뿐 속구조는 알 방법이 없다.

안압지雁鴨池, 월성해자月城垓子에서 공포栱包 부재 등 당시 건축 기법을 짐작할 수 있는 유물이 많이 출토됐다지만, 역시 참고용에 불과하다. 물론 비슷한 시기에 건축된 중국과 일본의 탑도 연구가 됐다. 현존하는 탑 가운데 황룡사탑과 흡사한 것은 중국 불궁사佛宮寺 석가탑(1056년 건립)과 7세기경 백제가 지어 줬다는 일본 호류 사 오중탑이다. 불궁사탑은 각

경문왕 12년(872) 황룡사탑 중수 사실을 기록한 찰주본기.
보물 1870호, 국립경주박물관 소장

중국 불궁사 석가탑(위)과
일본 호류 사 오중탑(아래).

황룡사탑의 모양을 추측할 수 있는 청동공양탑.
이 청동탑은 11층탑으로 이루어졌으며,
고려시대 목조건물의 구조를 충실히 모방했다.
국립중앙박물관 소장

층이 비어 있어 불상을 모셔 놓고 사람의 출입도 가능한 반면 오중탑은 내부가 막혀 있는 구조다.

《삼국유사》에 "9층탑을 세운다면 이웃의 침략을 진압할 수 있는데 1층은 일본, 2층은 중화, 3층은 오월吳越, 4층은 탁라托羅, 5층은 응유鷹遊, 6층은 말갈, 7층은 단국丹國, 8층은 여적女狄, 9층은 예맥濊貊"이라고 쓰인 점으로 미뤄 황룡사탑은 불궁사탑처럼 내부가 뚫려 있으며 층별로 호국을 기원하는 불상을 따로 모셨으리라 판단된다.

속이 텅 비어 있는 불궁사 방식은 태풍 등 바람에 매우 취약하다. 그렇기 때문에 복원팀에서는 와이어 등 철재로 보강하는 대안도 검토했으나, 애초의 황룡사탑을 되살린다는 취지에 맞지 않아 논의를 더 이상 진행시키지 않았다고 한다. 높이 문제도 아직 해결하지 못했다. 《삼국유사》에는 높이가 225자라고 적혀 있다. 고구려척尺(1척당 35.6센티미터)이 쓰였다는 의견과 함께 당척唐尺이 보편적이라는 견해도 제기된다. 고구려척을 적용하면 80미터, 당척일 땐 67미터가 된다. 어떤 척도를 사용하느냐에 따라 무려 13미터나 차이가 난다. 또 구조 안정성을 높이기 위해서는 맨 아래층의 면적이 현저히 넓어야 하는데 1층과 2층의 면적을 동일하게 해야 하는지를 두고서도 의견이 분분하다.

아비지는 대체 어떤 방법으로 탑을 만들었을까? 복원팀도 아직 그 수수께끼를 풀지 못했다. 결국 복원팀은 사찰 정문인 중문과 담장 일부만 되살리는 것을 전제로 황룡사 정비 실시 설계를 수립하고 있다. 사실상 황룡사탑 복원을 포기한 셈이다. 아비지의 혼이 서린 황룡사탑을 언제쯤이나 볼 수 있을까?

첨성대 꼭대기에
정자가 있었다?

겁화劫火에도 타지 않고 홀로 남아, 쌓은 돌이 비바람을 견디고 우뚝 서 있네. (중략) 신라 때의 제작이 참으로 놀랍기만 하구나.

조선 중기의 문인 조위曺偉(1454~1503)는 경주 첨성대를 바라보며 이렇게 읊었다.

선덕여왕(재위 632~647) 대에 축조된 이후 단 한 차례도 무너지지 않은 위대한 건축물로 알려진 첨성대瞻星臺. 이와 같은 통념과 달리 첨성대가 심각하게 파손됐다가 원형과 다르게 복구됐다면 어떨까?

첨성대 전문가인 부산대 장활식 교수가 이런 주장을 한다. 경주 첨성대는 맨 밑에 사각형 기단 두 개 층, 그 위에 원통형 몸체 27개 층, 맨 위에 사각형 정자석井字石 두 개 층 등 총 31개 층으로 이뤄져 있다. 맨 꼭대기인 31층 정자석은 극도로 심하게 훼손돼 북쪽 석재의 서쪽이 대각선으

로 깨져 모퉁이가 없어졌고, 동쪽에는 금이 가 있다. 남쪽 석재의 동쪽 모퉁이도 떨어져 나갔다.

특히 대각선 방향의 파손은 단순한 자연현상으로 설명하기 어렵다. 그 아래 입구口 자 모양의 30층에는 '은장隱裝(석재를 고정하던 금속 고리)'을 설치한 흔적이 뚜렷이 남아 있지만, 은장 네 개가 사라지고 없다. 28층에는 장대석長臺石(비팀목 역할을 하는 긴 석재) 두 개가 있고 그 끝에 작은 돌(막음돌)이 끼워져 있는데 네 곳 중 북서쪽이 분실돼 비어 있다.

기울어진 첨성대.
경북 경주시 소재

27층 서쪽 석재들과 28층 남쪽 석재들이 서로 위치가 바뀌어 있다는 점도 이해가 되지 않는다. 27층과 28층 장대석에는 용도가 밝혀지지 않은 홈 네 군데도 있다. 홈은 첨성대 외부로 돌출된 물체를 고정시키는 장치의 일부로 보인다. 25층 장대석 아래 굄돌은 건축 기술이 뛰어난 신라인의 솜씨로 보기에는 조잡하기 이를 데 없다. 첨성대 몸통 상부 석재와 하부 석재의 가공법이 서로 다른 것도 석연찮다. 하층부 석재는 전부 모가 둥글게 가공된 반면 상층부 석재는 전반적으로 모가 각진 데다 중간중간 둥근 석재들이 불규칙하게 섞여 있다.

경주 순창 설씨 족보의 "설총薛聰(?~?)은 항상 백구정白鷗亭에서 노닐었는데 첨성대 상층에 대臺 이름 석 자는 공公의 친필"이라는 기록은 첨

차례대로 첨성대 내부, 정체불명의 홈, 꼭대기 정자석이
손상된 모습.
국립문화재연구소 사진

성대의 파손 또는 보수 가능성을 뒷받침한다. 현재 설총이 썼다는 글자가 첨성대 어디에도 남아 있지 않기 때문이다. 이 같은 사실을 종합할 때 첨성대는 여러 차례 무너졌고 그 뒤 복원되기는 했지만 제대로 된 고증 없이 진행되어 원래 모습에서 크게 어긋난 것으로 보인다.

첨성대는 언제 붕괴했고, 피해 규모는 어느 정도였을까? 혜공왕惠恭王 15년(779)에 사망자 100여 명을 낸 진도 규모 6.7의 지진이 발생했다. 첨성대는 동시대 건물과 마찬가지로 지진을 고려해 설계됐다. 따라서 지진으로 첨성대가 붕괴했을 개연성은 낮다. 13세기 몽골군 침입과 16세기 말 임진왜란 때 피해를 입었으며 훼손 정도의 심각성을 감안할 때 두 번 이상 무너졌으리라는 분석이 있다.

17층 이하는 대체로 원형을 유지하고 있는 점으로 미뤄 18층 이상이 주로 타격을 받은 것으로 보이고, 첨성대 윗부분에 밧줄을 걸어 인위적으로 끌어당겼을 것이다.

첨성대 위에 건물이 존재했음을 추정할 수 있는 문헌도 많이 발견됐다. 조선 중기의 문인 홍적洪迪(1549~1591)은 문집《하의집荷衣集》에서 "대가 비어 있으되 반월이네, 각閣은 없어졌지만 여전히 첨성이네"라고 했다. 설총의 백구정도 첨성대 위의 정자를 지칭하는 것으로 보인다. 일제 통감부 관측소장을 지낸 와다유지和田雄治는 첨성대 원형 추정도를 그리기도 했다.

첨성대의 용도는 무엇이었을까? 전하는 문헌이 없어 별을 바라본다는 뜻의 첨성대라는 명칭에서 천문 관측 시설로 알려져 있을 뿐이다. 그러나 별을 관측하려면 쉽게 오르내릴 수 있는 구조여야 하는데 전혀 그렇

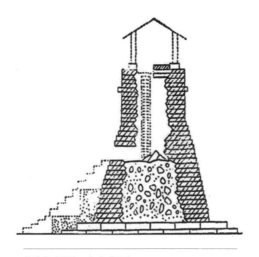

부산대 장활식 교수가 제공한
와다유지가 그린 첨성대 원형 추정도.

지 않아 논란은 지속되고 있다.

태양 빛에 의해 생긴 그림자를 재서 태양의 고도를 측정하는 기구인 규표圭表 기능을 하는 조형물이었다는 규표설, 고대 중국의 수학 및 천문학 서적인 《주비산경周髀算經》을 반영해 세웠다는 주비산경설, 불교의 수미산 형상을 본떠 만들었다는 수미산 제단설, 토속신앙인 영성제靈星祭와 관련 있다는 영성제단설, 생명의 근원인 우물 형상을 표현해 풍년을 기원했다는 우물 제단설, 첨성대가 지상세계와 천상세계를 연결하는 통로라는 우주 우물설 등 학설이 쏟아지고 있다. 심지어 고대 메소포타미아 문명의 성스러운 탑인 지구라트Ziggurat를 모방했다는 지구라트설까지 등장했다.

한편 국립문화재연구소 정밀 조사에서 과거에 보수되었다고 해도 현

재 구조는 매우 안정적이어서 해체해 다시 쌓거나 할 필요가 없다는 결과
가 나왔다. 한 번도 발굴된 적 없는 첨성대 땅속에는 첨성대 용도 등을 밝
혀 줄 많은 정보가 숨겨져 있으리라는 일각의 주장과는 달리 지하 물리
탐사에서도 아무런 흔적을 찾지 못했다. 신라인들이 무엇을 염원하면서
첨성대를 쌓았는가라는 의문은 영구 미제로 남게 됐다.

금가루보다 귀한
신라 황칠

《삼국유사》〈진한〉조에는 "신라가 전성기일 때 왕경인 경주에는 18만 명이 거주했으며 서른아홉 채의 금입택金入宅이 있었다"라는 기록이 있다. 또한 금입택의 명칭과 개략적인 위치까지 일일이 열거했다. 금입택은 귀족 등 유력 집안 소유였는데 여기에는 김유신의 종택인 재매정택財買井宅도 포함된다.

금입택은 어떤 집일까? 《삼국유사》엔 '부유하고 큰 집'이라는 설명이 있다. 지붕과 벽면에 금칠을 한 집을 의미한다고 짐작된다. 신라 왕릉에서 금관을 비롯해 목걸이, 팔찌, 귀고리, 허리띠 등 각종 금장신구가 마구 쏟아져 나온 점으로 미뤄 신라에는 황금이 풍부했을 것이다. 하지만 아무리 황금이 많기로 왕도 아닌 귀족의 집을, 그것도 생존해 있는 사람의 집을 금으로 도배했다는 사실은 납득하기 힘들다.

금입택에 어떤 칠을 했는지 유추할 수 있는 단서가 2006년 발견됐

금입택이나 황칠 가옥의 화려함을 짐작할 수 있는 금박을 입힌 일본 교토의 금각사.

다. 국립경주문화재연구소에서 경주 계림 북쪽 통일신라의 건물 유적지를 발굴 조사하다가 땅속의 악한 기운을 누르기 위해 묻은 지진구地鎭具로 쓰인 합盒을 하나 찾아냈다. 신라는 삼국을 통일한 후 왕성인 월성을 확장하면서 성 주변에 방어용 해자垓字를 메우고 대형 건물지와 관청 거리를 조성했다. 그 자리에 지진구를 파묻은 것이다.

그런데 합 안에는 놀랍게도 딱딱하게 굳은 노란색 덩어리가 들어 있었다. 바로 신비의 도료라는 '황칠黃漆' 덩어리였다. 중요한 건축물의 안전을 바라는 의미로 황칠을 넣었다는 데서 신라인들이 황칠을 매우 귀하게 여겼음을 알 수 있다. 신라 귀족들이 황금빛을 띠면서도 사악한 기운을 물리치는 벽사의 기능까지 있다고 여긴 황칠을 자기 집에 발랐을 개연성은 충분하다.

황칠은 '황금색을 발하는 옻'을 뜻한다. 황칠은 황칠나무에서 채취하는데 우리나라에서만 나는 고유종이다. 황칠은 오늘날 우리에게는 매우 낯설지만 부와 권력의 상징으로 금속과 목재, 종이 등의 도색을 위해 삼국시대부터 고급 제품의 외장에 널리 사용됐다. 고대 중국 등에서도 일찍이 우리나라의 황칠이 최고의 도료로 널리 칭송받았다.

실제 황칠은 우리나라가 중국에 보내던 핵심 조공품 중 하나였다. 북송의 백과사전인《책부원구冊府元龜》에는 "당 태종 이세민이 백제에 사신을 보내 산문갑山文甲(의전용 갑옷)에 입힐 금칠金漆(황칠)을 요청했다"라고 쓰여 있다.

송나라 사신인 서긍徐兢(?~?)도《고려도경高麗圖經》에서 "나주에서 황칠이 나는데 조공품이다"라고 했다. 북송의 왕운王雲(?~1126)은《계림지鷄林志》에서 "고려의 황칠은 섬에서 난다. 6월에 수액을 채취하는데 빛깔이 금과 같으며 볕에 쬐어 건조시킨다. 원래 백제에서 나던 것으로, 지금 절강성 사람들은 이를 일컬어 신라칠이라고 불렀다"라고 기술했다.

조정이 지방에서 거둬들이는 공물 목록에도 황칠이 들어 있다. 국립해양문화재연구소는 2012년 인천 옹진군 영흥도 부근 바닷속 펄 바닥에서 고대 교역선의 조각과 그 안에 실린 유물들을 인양했다. 배는 7~8세기 통일신라 배로 밝혀졌다. 경주 인근 울산항 등에서 공물 수송 또는 중국과 서남해안 각 지역과의 교역을 위해 출항한 배다.

조사 과정에서 작은 광구소호廣口小壺(넓은 주둥이를 지닌 작은 항아리) 토기 병 안에서 유기물을 발견했는데, 황칠이었다. 토기에 뚜껑이 닫혀 밀폐된 덕분에 특유의 은은한 향과 끈적끈적한 유기물 상태를 유지하고 있었다.

황칠나무는 완도와 보길도 등 우리나라 서남해안 지역과 제주도 등지에서 자생하는 난대성 활엽수다. 큰 나무는 키가 15미터를 넘으며 잎이 넓고 열매는 타원형으로 10월에 검은 빛으로 익는다. 황칠은 음력 6월께 나무줄기에 칼로 금을 그어 채취한다. 액체는 처음에는 노란빛을 띠다가 공기 중에서 산화돼 황금빛으로 변한다. 황칠은 아름드리나무 한 그루에서 한 잔 정도밖에 나오지 않을 정도로 귀하다.

황칠은 사람의 신경을 안정시키는 안식향安息香이라는 독특한 향이 있어 천연 약재로도 활용했다. 황칠나무의 학명이 덴드로파낙스 Dendropanax(만병통치 나무)인 것도 이런 효능 때문이다. 성호星湖 이익李瀷 (1681~1763)은《성호사설星湖僿說》에서 진시황이 찾던 불사약不死藥이 바로 우리나라의 황칠나무라는 설을 소개하기도 했다. 이런 황칠나무는 불과 200년 전만 해도 널리 재배됐으나 이후 차츰 맥이 끊겼다. 중국 조공 물량이 늘고 관리들의 수탈마저 심해지자 백성들이 황칠나무를 무조건 베어 버리면서 사라졌기 때문이다.

정조 18년(1794) 실록에 호

황칠 덩어리가 남은 토기.
국립문화재연구소 사진

완도 정자리 황칠나무와 잎.
천연기념물 479호, 전남 완도군 소재

인천 옹진군 해역에서 건져 올린 도기병과 병 속 황칠 유기물.
국립해양문화재연구소 사진

남 위유사慰諭使(조선시대 천재지변 또는 병란·민란이 일어났을 때 지방 사정을 살피고 백성을 위무하기 위해 파견하던 관리) 서용보徐龍輔(1757~1824)가 올린 글이 실려 있다. 서용보는 "완도는 매년 강진, 해남, 영암 등 세 읍에 황칠을 공물로 바치고 있습니다. 그러나 근래 산출이 줄어드는데도 징수량은 해마다 늘어나 폐단이 되고 있습니다. 금년에는 재해를 입어 큰 나무가 모두 말라죽었습니다. 과외로 징수하는 일로 섬 백성들이 고통을 받고 있는데 이를 엄격하게 금지해 민폐를 없애야 마땅합니다. 그리고 앞으로 10년간 공물을 감면해 예전 상태를 회복해야 합니다"라고 아뢰었다.

다산茶山 정약용丁若鏞(1762~1836)도 《여유당전서與猶堂全書》에서 "공물로 지정되어 해마다 실려 가고, 세금을 거둬들이는 아전들의 농간을 막을

길이 없어 지방민들은 이 나무를 악목惡木이라고 부르며 밤마다 도끼 들고 몰래 와서 찍었다"라며 개탄했다.

다행히도 사라졌던 황칠은 최근 일부 지역에서 복원에 성공했으며 이를 사용한 공예품과 건강식품 등 다양한 제품도 선보이고 있다.

피살된 신라 **혜공왕**의 무덤은 어디?

2013년 11월, 신라 36대 혜공왕惠恭王(재위 765~780)의 능으로 추정되는 무덤이 경주시 현곡면 소현리 울산·포항 복선전철 공사 현장에서 발견됐다. 동서 11미터, 남북 11.2미터 규모에 무덤 주변을 둘러 가며 쌓은 석축과 방위별로 배치된 십이지 동물 조각 등을 볼 때 틀림없는 왕릉이다. 봉분 중앙부 석실에서는 인골까지 수습됐다. 발굴 조사를 담당한 한울문화재연구원은 무덤이 8세기 중반에 조성됐다고 했는데, 이 판단이 정확하다면 무덤의 피장자는 혜공왕일 수밖에 없다.

8세기 신라 왕은 성덕왕(재위 702~737)을 비롯해 효성왕孝成王(재위 737~742), 경덕왕景德王(재위 742~765), 혜공왕, 선덕왕宣德王(재위 780~785) 등 다섯이다. 그런데 혜공왕을 제외한 왕들은 무덤에 관한 기록이 현전한다. 성덕왕릉은 경주시 조양동에 있고 효성왕과 선덕왕은 화장한 뒤 산골장散骨葬해 무덤이 없으며 경덕왕은 내남면 부지리 또는 충효동이 유력하다.

혜공왕은 어떤 인물일까? 여덟 살이라는 어린 나이에 즉위했으며 재위 내내 어머니 만월부인滿月夫人 김씨와 권신權臣들에게 휘둘려 사치와 방탕을 일삼았고, 말로는 비참했다. 혜공왕은 스물세 살이 되던 해 이찬伊湌 김지정金志貞(?~780)의 난이 일어나면서 왕비와 함께 살해됐으며 묘는 어디에 조성됐는지 기록조차 남아 있지 않다.

한편 경주는 도처에 왕릉이 널려 있는 '왕릉의 도시'다. 일제강점기에 도심 대릉원大陵苑 일대에만 왕릉급 무덤(왕비묘 포함) 155기가 있는 것으로 조사됐다. 봉분이 없는 능은 제외한 것이다. 대릉원은 신라 도성이던 월성 북쪽에 조성된 신라 왕실의 공동묘지인데, 무덤이 중첩적으로 조성돼 무덤 수는 그 이상일 수도 있다. 특히 대릉원 옆 쪽샘 지구까지 합치면 3000기가 넘는다는 분석도 있다.

자비마립간이 방리方里를 설치해 도시계획을 정비한 뒤 묘지를 쓸 공간이 부족해져 법흥왕부터는 원거리에 묘를 만들었다. 경주 외곽의 왕릉급 묘지는 지금껏 확인된 것만 30기가 넘는다. 신라 분묘는 시신을 목곽에 넣고 그 위에 돌을 쌓은 적석목곽분에서 6세기 중반 이후 석실분으로 변했는데, 적석은 목곽이 썩으면 돌이 무너져 내려 도굴이 쉽지 않다.

또 신라왕릉은 왕호 등을 표시한 명문을 넣지 않아 피장자가 드러나는 일이 드물다. 오래전 발굴 조사가 끝난 황남대총皇南大塚은 유물 편년·규모를 근거로 피장자를 소지마립간으로 규정했지만 학계는 내물마립간, 실성實聖마립간(재위 402~417), 눌지마립간(재위 417~458)으로 보기도 한다.

천마총은 발굴 보고서에 지증왕으로 표기됐지만 근거가 불명확하다. 내남 망성리 고분의 주인공은 민애왕閔哀王(재위 838~839)으로 알려졌지만

일제강점기 경주 황남동 고분군 모습.
《조선고적도보》 제3권(1916)

전혀 다른 시대 당연호가 새겨진 납석제 골호(뼈를 담는 단지)가 발견됐다. 효현동의 법흥왕릉도 신빙성이 떨어진다.

　　피장자가 확실한 무덤은 선덕여왕, 무열왕武烈王(재위 654~ 661), 문무왕, 성덕왕, 원성왕元聖王(재위 785~798), 헌덕왕憲德王(재위 809~826), 흥덕왕

興德王(재위 826~836) 등 일곱뿐이다.

첨성대와 황룡사 9층탑, 분황사를 세우고 김유신, 김춘추와 더불어 삼국통일의 기틀을 다진 선덕여왕 무덤에 대한 기록은 《삼국사기》에 나온다. 《삼국사기》에 따르면 여왕은 "내가 죽거든 부처의 나라인 도리천에 묻어달라"라고 명한다. 신하들이 그곳이 어디냐고 물으니 왕은 "낭산狼山 꼭대기"라고 했다. 그리고 "문무왕이 통일 후 불력佛力으로 당의 50만 대군을 물리치기 위해 낭산에 사천왕사를 지었다"라는데 그 터가 지금까지 남아 있다. 사천왕사 터가 있는 곳이 낭산이며, 기록에서처럼 여기서 무덤이 발견됐다.

내물마립간의 12대손이지만 혜공왕 말기 반란을 진압한 공로로 최고 관직인 상대등上大等에 올랐다가 왕위까지 물려받은 원성왕은 왕이 곧 부처라는 '왕즉불王卽佛' 사상에 심취했다. 최치원이 쓴 숭복사崇福寺 비문에는 "원성왕이 곡림鵠林에 장사 지내라고 했다"라고 적혀 있다. 석가모니가 곡림에서 열반했듯이 자신도 곡림에 묻히면 죽어서 열반하리라 믿은 것이다. 비문에 따르면 왕은 곡사鵠寺가 있던 곳을 곡림으로 해석하고 그곳에 자신의 무덤을 두려 했고, 신하들의 반대를 무릅쓰고 곡사를 기어코 차지하고야 말았다. 하지만 마음이 쓰였는지 인근에 숭복사를 새로 지어 주었다.

무열왕릉엔 '태종무열대왕지비'라는 비석이 있고, 헌덕왕릉, 성덕왕릉, 흥덕왕릉, 문무왕릉은 《삼국사기》와 《삼국유사》 등에 장소가 구체적으로 적시돼 있다.

한편 왕릉 발굴은 일제에 의해 먼저 이뤄졌다. 일제는 금관총, 서봉

경주 무열왕릉.
경북 경주시 소재

경주 태종무열왕릉비.
국보 25호, 경북 경주시 소재

총, 식리총, 금령총, 호우총, 마총, 쌍쌍총을 발굴했는데 금관총과 서봉
총만 왕릉으로 평가된다. 우리 정부는 40년 전부터 발굴을 시작했다. 관
광 자원으로 활용할 목적이었다. 최대 규모의 황남대총이 목표였지만 경
험과 기술이 없어 좀 더 작은 인근 무덤을 먼저 파게 됐는데 바로 천마총
이다. 1973년 4월부터 8월까지 이뤄진 이 발굴에서 고신라 때 유일한 회

화인 천마도 장니(국보 207호) 등 1만 1500여 점의 유물이 출토됐다. 이어 1973년부터 2년 여 동안 진행된 황남대총 발굴에서는 금관(국보 191호) 등 무려 5만 8000여 점이 쏟아졌다.

'조선왕릉' 40기가 2009년 유네스코 세계유산으로 등재되었다. 보존 상태도 우수하고 저마다 풍부한 이야기를 갖고 있는 신라왕릉도 조선왕릉 못지않은 귀중한 유산이다.

기독교는 **신라** 때 전파됐다?

1987년 8월 경북 영주시 평은면 강동2리 분처分處 바위에서 머리 부분이 없는 암각상이 발견됐다. 암각상 안내판에는 "불상은 영주시 평은면 강동리 왕유王留마을에서 당곡골로 넘어가는 산기슭에 위치하고 있다. 왕유마을은 고려 말 홍건적紅巾賊의 난을 피해 안동으로 피난을 가던 공민왕이 잠시 머물렀다고 해서 붙은 이름이다. 고려 초에 유행하던 거석마애불巨石磨崖佛 계열의 불상으로 전체 높이가 5.76미터에 이른다. 발아래에 구름 문양과 세 겹의 연화좌蓮花座가 조성되어 있으며 오른손에는 연꽃가지를 들고 있다"라고 적혀 있다.

이 불상을 놓고 일각에서는 불상의 왼쪽 어깨 부분에 히브리어 네 글자가 암각돼 있다고 주장한다. 해석하면 '도마Thomas의 눈과 손'이다. 성경에는 예수가 자신의 부활을 의심하는 제자 도마 앞에 등장해서 "손을 내밀어 내 옆구리에 넣어 보라" 했다고 쓰여 있는데, 이는 기독교에서 믿

일부 학자들이 오른쪽 어깨 옆에 히브리어로 '도마의 눈과 손'이 암각돼 있다고 주장하는 분처상.
분처상 가슴에 십자기 모양과 왼쪽 하단에 명문이 새겨져 있다. 경북 영주시 소재
경북문화재연구소 사진

분처상의 형태를 보다 명확히 볼 수 있는 입면도.
《영주 강동리 마애암 조사보고서》, 경북문화재연구소

음을 강조할 때 많이 인용하는 구절이다.

이뿐만 아니라 불상 하단에는 '야소화왕인도자耶蘇花王引導者'와 '명전
행名全行'이라고 돼 있다. '야소화왕'은 예수 그리스도를 일컫는 존칭으로
알려져 있으며 '인도자'는 사도나 전도자로 해석한다. 결국 사도 도마를
의미하는 셈이다. 도마는 예수의 열두 사도 중 한 사람으로 초기 교회 시
대인 1세기 중엽에 인도 서남부까지 와서 전도 활동을 했다고 한다.

명전행은 불상을 조각한 석공으로 추정된다. 불상이 있는 지역에서
가까운 순흥면 읍내리 고분 석벽에 고구려 사람 '전행全行'이라는 이름이
등장하는 점을 들어 이 사람이 불상을 제작했을 것이라고 한다.

조형 기법도 기독교와 연관된다. 왼손 손가락 끝은 빗장뼈에 댄 채
손등을 보이고 있으며 오른손은 손바닥을 바깥쪽으로 돌리고 있다. 이런
자세는 불상의 수인手印에서는 찾아볼 수 없다. 발가락을 드러내는 것도
기독교 예수상의 보편적 기법이다. 심지어 상의 가슴 부위에는 십자가 모
양까지 희미하게 있다고 한다.

한국의 기독교 역사는 200년쯤으로 본다. 개신교를 기준으로 하면
100년 남짓이다. 중국의 1300년, 일본의 400년에 크게 못 미친다. 그렇
다면 영주 분처상의 정체? 고대에 기독교가 이미 한반도에 들어왔을까?

1965년 경주 불국사 대웅전 석등 밑에서 돌 십자가 한 점이 수습됐
다. 시기는 7~8세기 통일신라시대로 추정된다. 경주에서는 비슷한 시기
의 철제 십자무늬 장식 두 점, 성모 점토상(塑像) 한 점도 발굴됐다. 돌 십
자가는 좌우상하의 길이가 대칭으로 십자가의 다섯 가지 형 가운데 초기
십자가형인 그리스형에 해당하며 철제 십자무늬 장식은 부착용으로 추측

경주에서 발견된 7~8세기 통일신라시대 돌 십자가와 성모 점토상.
우리나라에 경교가 전래됐다는 증거로 자주 제시되는 유물이다. 숭실대학교 기독교박물관 소장

된다. 성모 점토상은 아기 예수를 품에 안은 형상으로 마리아상인 듯하다.

중국에는 7세기 중반에 기독교가 전파됐다는 게 일반적 견해다. 동로마제국의 수도 콘스탄티노플 대주교이던 네스토리우스Nestorius(?~451)가 그리스도의 신인양성神人兩性을 주장하다 이단으로 몰려 박해 속에 동방으로 쫓겨났을 때 그를 따르는 무리가 페르시아, 인도, 중앙아시아를 거쳐 중국으로 옮겨 가며 교세를 확장한다. 그렇게 중국에 네스토리우스교가 전파된 것이 635년이기 때문이다.

638년 7월엔 당 태종太宗(재위 626~649)의 칙령에 따라 수도 장안長安에 네스토리우스교 예배당 대진사大秦寺가 건립된다. 이후 네스토리우스교는 현종玄宗(재위 712~756) 대에 '태양처럼 빛나는 종교'라는 의미의 경교景敎로 불리게 된다. 그러나 경교의 번성은 200년에 그친다.

845년 도교를 신봉한 당 무종武宗(재위 840~846)의 탄압을 받고 878년 황소黃巢의 난(875~884)에 휩쓸리면서 중원에서 종적을 감추고 잔존 세력

은 몽골과 만주 등 변방 지역으로 흩어졌다. 실제 발해의 솔빈부率實府 아브리코스Abrikos 절터에서 십자가가 출토되었고, 한때 발해 수도이던 동경용원부東京龍原府(혼춘琿春)에서는 십자가를 목에 걸고 있는 삼존불상이 발견되기도 했다.

이런 경교가 통일신라에 들어왔으리라 교계와 일부 학계에서 보는 것이다. 당나라에서 경교가 활발하게 퍼져나갈 때 우리나라는 통일신라 초기였는데 통일신라는 친당 정책을 쓰면서 당의 문물제도를 수입했으며 신라인이 당에 유학하는 경우도 빈번해 그럴 가능성은 충분하다.

하지만 반대 견해도 만만찮다. 영주 분처상을 실측 조사한 경북문화재연구소는 보고서에서 고려시대 전반기 마애불이라는 의견을 제시했다. 미숙해 보이는 조각 기법, 보살로서 장신구가 거의 표현되지 않았고 조성 형식에서 비례나 깊이감이 무시됐다는 점이 이 시기 양식일 가능성이 높다고 밝혔다. 히브리어로 된 네 조각은 불교에서 작은 불상을 모셔 두는 곳인 감실龕室로 해석했다. 글자도 명행전만 발견했고 명행전으로 해석되던 명문도 세 글자가 아닌 두 글자이며 부행釜行 또는 전행全行으로 판독해야 한다고 했다. 예수에 대한 '야소'라는 명칭도 당나라 때가 아닌 명나라 중기 서방 기독교가 중국에 유입되면서 쓰이기 시작했다.

점토상과 관련해서도, 불교에도 모자 불상이 다수 있으며 중앙 불상 주변에 여러 작은 불상을 새겨 넣는 방식 등을 볼 때도 마리아상은 아니라는 의견이 있다. 돌 십자가 역시 미국 미시간 대학 루토스Cae Rutos 교수와 전 연희전문학교장 언더우드 박사 등이 중국에 남아 있는 경교식과는 다르다고 반박했다. 사학자 이병도도 십자가형은 기독교만의 것으로 볼 수 없고 장신구 등에 금, 쇠붙이로 된 십자가형을 사용한 예가 있다며 경교의 한국 전래설을 부인했다.

751년 건립된 불국사에서 발견된 돌 십자가를 기준으로 볼 때 신라에 경교가 처음 전래된 것은 8세기 전반으로 어림잡을 수 있다. 한국과 기독교 문명이 만난 역사가 200년이 아니라 그 여섯 배인 1200년으로 거슬러 올라가는 셈이다. 1200년 전 기독교 전파를 입증할 결정적 사료나 고고학적 증거는 언제쯤 출현할까?

함께 읽기

국립중앙박물관 수장고에
보관된 낯선 유물들

동서 대상 교역의 중심지였던 실
크로드는 4세기 이후 미증유의
번영을 이룩한다. 그 시기 석굴
사원으로 대표되는 대규모 불교
시설이 건설된다. 바로 둔황敦煌
석굴이다. 그러나 20세기 초 신
해혁명의 격변기 속에 실크로드
가 서구 열강의 희생물로 전락하
면서 귀중한 유물 대부분이 약탈
당하는 수난을 겪는다.

일본도 예외는 아니었다. 교토의
니시혼간東西本願 사 주지 오타니
고즈이大谷光瑞(1876~1948)는 탐
험대를 조직해 1902~1903년,

혜초의 《왕오천축국전》을 포함한 많은 두루마리를
빼내간 프랑스 폴 펠리오Paul Pelliot(1878~1945)가
석굴에서 문서를 살펴보는 모습.

1908~1909년, 1910~1914년까지 총 세 차례에 걸쳐 실크로드에서 벽화와 불상 등을 반출했다. 2차 탐험대 일원이던 노무라 에이자부로는 "수집품을 나무 상자 45개에 담았고 그중 다섯 상자가 벽화"라고 일기에 썼다. 그러나 오타니가 사찰 내 횡령 사건에 연루돼 주지를 그만두게 되자 그 약탈품 중 일부가 조선총독부박물관에 기증된다. 그러다 갑작스레 광복을 맞으면서 유물도 국내에 그대로 남게 됐다.

국립중앙박물관이 소장하고 있는 실크로드 회화는 72건·77점이다. 이 가운데 벽화가 60건·62점이며, 종이나 직물에 그린 그림이 12건·15점이다. 현재까지 주제와 출처가 확인된 유물은 31건·38점이다. 마니교摩尼敎 회화로 추정되는 한 점을 제외하고는 모두 불교를 주제로 다루고 있다.

이들 중앙아시아 종교 회화는 오타니가 수집했다고 해서 흔히 '오타니 컬렉션'으로 불린다. 국립중앙박물관은 2013년 오타니 컬렉션을 연구한 종합 결과물인 〈국립중앙박물관 소장 중앙아시아 종교 회화〉를 발간하기도 했다.

오타니 컬렉션은 한국전쟁을 거치면서도 무사했다. 파손의 위험이 커 1·4후퇴 때까지도 피난을 가지 못한 채 중앙박물관 진열관 2층 창고에 머물러 있었다. 그러나 1951년 4월 중공군의 춘계 공세를 앞두고 당시 국립박물관장이던 고故 김재원 씨가 부산으로 가져갔다. 그는 저서에서 "(2차대전 때) 베를린의 서역 벽화 책임자가 벽화 파괴의 책임을 지고 스스로 생명을 끊은 일을 안다. 1·4후퇴 이후 3개월간 부산에서 걱정이 되어 밤잠을 이루지 못하는 날이 많았다. 직원을 서울로 보내 4주 동안 포장을 끝냈다"라고 회고했다.

오타니 컬렉션은 미국에서도 깊은 관심을 표명했다. 태평양전쟁 직후 맥아더 사령부는 우리 정부에 서울에 있는 서역 벽화의 안부를 물으면서 "세계적으로 귀중

베제클리크 석굴 중 제15호굴에 그려진 '연등불수기燃燈佛授記'의 내용을 담은 서원화의 일부. 연등불수기는 전생에 석가모니가 연등불에게 꽃을 공양한 후 장차 성불할 것이라는 예언을 받는 이야기다. 국립중앙박물관 소장

한 문화재이니 잘 보관하라"라고 당부하기도 했다.

벽화들의 면면을 보면 베제클리크Bezeklik 석굴에서 가져온 유물이 스물여섯 점으로 가장 많고 야르호 석굴 다섯 점, 쿰트라 석굴 네 점, 키질Kizil 석굴 두 점, 미란Miran 사원 한 점 등이다. 투루판吐魯蕃에 위치한 베제클리크 석굴은 위구르 왕실의 종교 성지였고 다양한 언어로 쓰인 숱한 불경 사본과 여러 시기에 걸쳐 그려진 천불도千佛圖를 소장하고 있는 '불교문화의 보고'다. 베제클리크 벽화는 무릎을 꿇고 앉아 슬퍼하는 승려, 옷을 두 손으로 들고 있는 승려, 근육이 과장되게 표현돼 있는 악귀 등 인물 묘사가 매우 사실적이다. 부처가 전생에 깨달음을 얻은 자가 되겠다고 결심하는 서원화誓願畵와 역시 서원화의 일부이면

쿠차 키질 석굴사원 제206호굴의 벽화 단편. 왼쪽 위 벽화는 참폐이야 본생도를 묘사한 것인데, 참폐이아 본생담은 왕이 굶주린 백성을 위해 물고기로 변신해 자기 몸을 음식으로 제공했다는 석가의 전생 이야기다. 국립중앙박물관 소장

서 갑옷을 입은 두 사람이 공양물이 담긴 쟁반을 들고 있는 그림은 그중 수작으로 평가된다.

오타니가 불교문화에 조예가 깊었던 만큼 독일, 러시아, 영국 등 서구 국가에 비해 훨씬 수준 높은 유물을 수집했다고 평가된다.

269개 석굴이 군을 형성하고 있는 쿠차Kucha 지역 키질 석굴의 벽화 중에서는 부처가 전생에 왕으로 태어났을 때 공덕을 쌓은 이야기를 표현한 그림이 대표적이다. 인도, 이란의 영향을 받은 키질 벽화는 다른 곳과 달리 동그란 얼굴 형태를 띠고 푸른색 안료를 많이 사용했다.

투루판 토유크 석굴에서 발견된 관음보살도의
일부. 삼베에 채색한 것으로 사원에서 사용하던
깃발의 몸체 부분에 해당하는 것으로 추정된다.
국립중앙박물관 소장

불경을 등에 업고 구법여행을 떠나는 행각승.
비슷한 작품이 여럿 있으나, 대부분 등 뒤에
많은 경전을 지고 지팡이에 의지한 채 앞으로
나가는 모습인 데 비해 이 그림은 왼쪽을 향해
걷고 있다. 국립중앙박물관 소장

뤄창若羌 현에서 북동쪽으로 50킬로미터 떨어진 미란 사원 벽화는 뚜렷한 이목구
비, 큰 눈과 날개를 지닌 천사 모습 등 서양 고전 양식의 영향을 받은 특징이 있
다. 미란 사원에서 가져온 석가모니 전생 이야기 중 하나인 비슈반타라 왕자 본생
도本生圖 일부가 목록에 포함돼 있다.

110개 석굴이 현존하는 쿠차 쿰트라 석굴의 유물로는 한족 계통으로 8~9세기에
걸쳐 그려졌으리라 추정되는 천불도가 있다. 천불도는 불법이 우주에 널리 퍼져

있음을 상징적으로 나타낸다. 쿰트라 천불도는 베제클리크 천불도에 비해 간략하게 묘사돼 있다.

직물·종이 그림은 적외선 사진 등을 통해 완성된 그림과는 차이를 보이는 밑그림과 기존 그림을 재활용한 흔적을 확인할 수 있다. 관음보살도(예불용 불화)의 소재는 삼베며 크기와 구성이 베를린 아시아미술관에 소장된 것과 흡사하다. 종이 그림으로는 여행하는 승려가 있고 견 위에 먹으로 보살을 그린 번幡(포교할 때 사용하는 깃발)도 다수 있다.

의도치 않게 우리 손에 들어온 서역 벽화. 편린에 불과하지만 1600년 전 사막 한가운데서 꽃피운 문명의 수준이 놀라울 따름이다. 이 낯선 유물들이 실크로드와 고대 한반도 문화의 연결 고리를 찾는 실마리를 제공할 수도 있지 않을까.

신라 왕은
'KING'이 아니다

1921년 조선총독부가 발굴한 경주 금관총에서 금관 등 다양한 정치권력 상징물과 함께 환두대도環頭大刀(고리자루 큰칼)가 출토됐다. 2013년 뒤늦게 이를 재조사해 보니 왕명王名으로 추정되는 명문이 새롭게 발견돼 무덤과 연관성이 있는지 비상한 관심을 끌기도 했다. 만일 이 왕명이 피장자의 것으로 최종 확인된다면 신라왕릉 중 주인이 직접적으로 밝혀진 최초의 무덤이 된다.

경주에는 피장자가 밝혀진 몇몇 왕릉이 있기는 하지만《삼국유사》등 문헌의 기록을 참고해 유추했을 뿐 무덤 안팎에서 무덤 주인의 이름이 나온 적은 없다.

왕명은 국립중앙박물관이 '조선총독부 박물관 자료 공개 사업'의 하나로 금관총 출토 환두대도를 보존 처리하는 과정에서 찾아냈다. 박물관 측이 칼집 표면에 덮인 녹을 걷어 내고 확인한 글자는 이사지왕尒斯智王이었다. 글자는 날카로운 도구로 긁어써 한눈에 보기에도 형태가 매우 조잡하다.

《삼국사기》,《삼국유사》 등의 신라 관련 사료에서는 이와 동일한 왕호가 없다. 이 때문에 이사지왕의 정체를 놓고 추측이 난무한다. 5세기 후반으로 추정되는 무덤 조성 시기와 '이尒' 자를 뺀 '사지斯智'의 발음이 소지마립간의 '소지'와 비슷하다며 피장자가 소지마립간일 것이라는 해석이 그나마 설득력이 있다.

환두대도에 새겨진
'이사지왕尒斯智王'이라는 명문.

이사지왕이 금관총의 주인이냐를 두고서도 혼란이 빚어진다. 그리고 이사지왕은 일반적으로 남자로 본다. 그런 반면 금관총은 왕비 등 여자의 무덤이라는 게 국내 고고학계의 정설로 받아들여져 왔다. 금관총을 여성 무덤으로 단정하는 이유는 여성용 태환이식太環耳飾(고리가 큰 귀고리)이 나왔기 때문이다. 또 피장자는 환두대도를 허리에 두르지도 않았다. 대도의 주인이라면 마땅히 허리에 차는 게 맞겠지만 칼은 피장자 둘레에서 수습됐다. 국립중앙박물관은 "금관총의 환두대도는 이사지왕이라는 이름을 가진 남편 또는 가까운 남자 친척이 선물로 헌납했을 가능성을 생각해 볼 수 있다"라고 해석하기도 했다. 천마총의 귀고리, 금령총의 기마 인물형 토기가 피장자 쪽이 아닌 무덤 위쪽 적석積石에서 발굴된 것과 같은 이치다.

신라에서 왕호가 실제 왕King이 아닌 이들에게 쓰였다는 결정적 증거가 있다. '절거리節居利'라는 인물의 재산 소유와 유산상속 문제를 결정한 사실을 기록한 공문서 성격의 '냉수리 신라비'. 경북 영일군(포항시) 신광면 냉수리에서 발견됐으며 국보 264호로 지정돼 있다. 건립 연대는 계미년癸未年이라는 간지와 지도로갈문왕至都盧葛文王이라는 인명으로 볼 때 443년(눌지마립간 27) 또는 503년(지증왕 4)으로 추정된다. 지도로갈문왕은 22대 지증왕이 왕이 되기 전 이름이다.

냉수리 비문은 '미추未鄒'와 '사신지斯申支'라는 두 인물이 절거리 소유의 재물에 대한 소유권 분쟁을 일으키자 중앙정부가 지도로갈문왕을 의장으로 삼고 7인으로 구성한 회의에서 과거 사례를 토대로 절거리의 재물로 결정하고 차후의 상속자까지도 판정했다는 것을 주된 내용으로 하고 있다.

원문에서는 7인을 '차칠왕등此七王等'으로 표시했다. '차'는 지시대명사 '이', '칠왕'은 '일곱 왕'이므로 '이 일곱 왕 등'으로 해석한다. 여기서 지도로갈문왕을 제외하고는 모두 각 부를 대표해 참석한 인물이다. 왕이 아닌데도 왕으로 기록했다. 그러면 '왕'은 무엇을 의미할까?

천마총 출토
환두대도.
보물 621호.
국립경주박물관
소장

신라사에 정통한 연구자들은 왕이 '분' 또는 '님'으로 쓰였다고 주장한다. 존칭용 한자가 마땅찮아 왕을 대신 사용했다는 주장이다. 경주 동해남부선 연결선 건설공사 구간인 경북 경주시 건천읍 방내리, 모량리 일

냉수리 신라비.
보물 264호, 경북 포항시 소재

대에 대한 영남문화재연구원의 발굴 조사에서도 흡사한 관점으로 해석이 가능한 유물이 나왔다. 발굴 지역은 신라 6부의 하나인 모량부牟梁部의 옛 지역으로 추정되며 신라 왕경으로 진입하는 서북 방면 주요 교통로에 위치해 있다. 통일신라시대의 도로, 우물, 담장, 적심積心 건물지, 제방 시설 등을 갖춘 대규모 도시 유적이다.

일종의 경주 위성도시 형태로 조성됐으리라 판단되는 이곳에서도 바닥에 '왕' 자가 새겨진 청동 접시가 발견됐다. 이 접시는 건물을 지을 때 땅의 신에게 제사 지내고자 지하에 묻는 매장품인 이른바 진단구鎭壇具로 추정된다.

발굴 지역인 신라 왕경과 지형적으로 격리돼 있고 글씨가 대충 쓰여 있다는 점으로 미뤄 역시 왕을 지칭하지는 않은 것 같다. 6세기 지증왕 이후 왕호가 정착되면서 일반인에게는 '왕'이라는 명칭을 쓰지 않게 된 것으로 보인다. 그렇더라도 금석문 등 각종 기록을 살펴보면 왕들은 그냥 '왕'으로 불리기보다 '태왕' 또는 '대왕'으로 호칭되는 경우가 더 많았다.

충신 박제상은
가문의 희생양?

"차라리 신라의 개돼지가 될지언정 왜의 신하가 되지는 않겠노라."

'충신忠臣의 대명사' 박제상朴堤上(363~419)은 이렇게 절규하면서 왜에 죽음을 당한다. 세종대왕이 "최고의 충신"이라고 극찬한 그의 최후에 관한 사서 기록은 처참하기 이를 데 없다. 《삼국사기》는 "왜왕이 장작불로 온몸을 태운 뒤에 목을 베었다"라고 기록했고, 《삼국유사》는 "발바닥 가죽을 벗긴 뒤 불태워 죽였다"라고 기록했다.

왕의 동생을 구출하라는 명을 받은 박제상은 왜로 가기 전 부인에게 "다시 만날 기대를 하지 마라"라는 말을 남기며 죽음을 예견했고, 왜에서 처형당한 뒤 임금이 애통해 하며 대아찬大阿飡(신라 17관등 중 다섯 번째 관등)이라는 벼슬을 내렸다는 얘기는 언제 들어도 가슴이 뭉클하다.

박제상은 신라의 전신인 사로국의 개국시조 혁거세의 후손이며 5대임금인 파사이사금의 5세손이다. 할아버지는 아도갈문왕阿道葛文王이고

아버지는 물품物品 파진찬波珍
飡(4번째 관등)이었다. 박제상도
벼슬길에 나아가 삽량주挿良州
(경남 양산) 태수太守를 지냈다.
박제상은 한민족의 기원, 분
화, 이동 경로, 한국 고대 문화
와 철학, 사상의 원형을 담은
《부도지符都誌》의 저자로도 알
려져 있지만 책의 원문은 전
하지 않는다.

박제상 유적 중 망부석.
박제상의 부인 김씨가 두 딸을 데리고 치술령(울주와
경주에 걸쳐 있는 산)에 올라 왜로 떠난 남편을
기다리다 죽어 망부석이 됐다는 이야기가 전한다.
울산 울주군 소재

　　신라 17대 내물마립간
대 신라는 왜의 잦은 침입으
로 큰 위기에 직면한다. 광개
토왕릉비가 그때 상황을 적나라하게 묘사했다. "신라의 사신이 와서 '나
라에 왜인이 가득해 성을 모두 파괴하고 왕을 천민으로 삼았다'고 아뢰자
영락 10년(400) 태왕은 보병과 기병 5만을 보내 신라를 구원케 했다. 고구
려군은 도망가는 왜를 추적해 임나가라의 종발성까지 쫓아가 항복을 받
아 냈다."

　　《삼국사기》에서는 이와 같은 내용을 찾을 수 없다. 내물마립간 44년
(399)에 "7월 메뚜기 떼가 날아와 들을 덮었다"라는 대목이 있고 이듬해
"8월 혜성이 동쪽에 나타났고 10월 임금이 타던 왕성의 말이 무릎을 꿇고
눈물을 흘리며 슬피 울었다"라고만 쓰여 있다. 고구려군은 물러가지 않고

박제상 사당 입구.
울산 울주군 소재

신라 땅에 주둔하면서 신라에 큰 부담을 줬다. 《일본서기》는 5세기 중엽
까지 반세기나 고구려군이 신라 땅에 머물렀다고 전한다.

　　402년 내물마립간이 승하했는데, 내물마립간이 고구려에 볼모로 보
낸 실성實聖(이찬伊湌 대서지大西知의 아들)이 사람들의 추대로 왕위에 올랐다고
《삼국사기》에 적혀 있다. 내물마립간에게는 태자 눌지를 포함해 여러 아
들이 있었다. 내물마립간에게 앙심을 품고 있던 실성마립간은 내물마립
간의 셋째 아들 미사흔未斯欣(?~433)을 왜에, 둘째 아들 복호卜好(?~?)를 고
구려에 각각 볼모로 보냈다. 왕은 고구려를 끌어들여 눌지까지 죽이려고
했지만 고구려는 동조하지 않았다. 그 틈을 노려 눌지는 실성마립간을 살

해했다.

눌지는 그렇게 왕위에 오르자 동생들을 적지에서 탈출시킬 궁리를 한다. 수주촌장 벌보말, 일리촌장 구리내, 이이촌장 파로 등 셋이 어질고 지혜가 있다는 말을 듣고 그들을 불러 물었다. "나의 두 아우가 왜와 고구려 두 나라에 볼모로 가서 여러 해 돌아오지 못하고 있다. 그리움을 억제할 길이 없어 그들을 살아 돌아오게 하고 싶은데 방법이 없겠는가?" 세 사람은 "박제상이 굳세고 용감하며 지모智謀가 있어 전하의 근심을 풀어드릴 수 있을 것"이라고 아뢰었다. 그들이 무엇 때문에 한목소리로 박제상을 추천했는지는 알 수 없다. 어쨌든 박제상은 고구려에서는 복호를 쉽게 데려오지만 왜에서는 미사흔만 겨우 탈출시키고 자신은 돌아오지 못했다.

박제상이 죽음을 선택해야만 한 이유를 추론해 보려면 당시의 정치역학 구조를 먼저 이해해야 한다. 내물마립간은 비록 김씨이지만 당대엔 석씨들이 득세했다. 그 앞에 세 명의 왕(14대 유례儒禮이사금, 15대 기림이사금, 16대 흘해訖解이사금)이 모두 석씨였다. 내물마립간에 이어 왕위를 물려받은 실성왕도 김씨이기는 했으나 외가가 석씨였다. 어머니는 아찬 석등보昔登保(?~?)의 딸이다. 내물마립간에겐 아들이 많았는데도 실성이 그들을 제치고 외척인 석씨의 힘을 빌려 등극한 것이다.

이처럼 당시 신라 정국은 석씨와 김씨가 양분해, 박씨는 권력의 중심에서 밀려나 있는 형국이었다. 김씨와 석씨의 세력 다툼이 정점에 이른 시점에서 박제상이 출현했고 그의 죽음을 계기로 박씨가 역사의 전면에 다시 등장하게 된다.

효충사孝忠祠.
박제상의 생가며, 사당 안에는 박제상의 초상화가
모셔져 있고, 사당 앞에는 박제상의 업적을 적은
효충사 석비가 세워져 있다. 경남 양산시 소재

눌지마립간 입장에서 박제상은 둘도 없는 은인이다. 아버지 내물마립간이 갑자기 서거하는 혼란 속에서 적국에 빼앗긴 자기 생명과도 같은 혈육을 찾아줬기 때문이다. 그것도 목숨을 버리면서까지.

박제상 사후 김씨와 박씨가 혼맥을 통해 연합 전선을 형성한 사례는 무수히 많다. 당장 박제상의 딸이 미사흔과 혼인한다. 여러 내물마립간계 왕들도 박제상의 은혜를 기억했다. 복호의 손자인 지증왕의 왕비가 이찬 등흔登欣(?~?)의 딸인 연제부인延帝夫人(?~?) 박씨며 법흥왕의 왕비 역시 보도부인保刀夫人(?~?) 박씨다. 진흥왕의 왕비인 사도부인思道夫人(?~614)과 진평왕眞平王(재위 579~632)의 친동생인 국반國飯갈문왕의 부인이자 진덕여왕의 어머니 월명부인月明夫人(?~?)도 박씨다.

박씨들은 신라 중기 이후로 접어들면 외척 세력으로 등장해 여러 차례 왕을 갈아치우는 등 막강한 힘을 행사한다. 그러다가 드디어 신라 말기 자신들의 집안에서 왕을 배출하기에 이른다. 내물마립간 즉위 이후 556년간 지속돼 온 김씨 왕조를 종식시키고 박씨 왕조를 다시 일으킨 53대 신덕왕을 두고 하는 말이다. 사서는 "효공왕이 후사 없이 승하하자 나라 사람들의 추대로 신덕이 임금이 됐다. 그는 아달라阿達羅이사금(8대)의

먼 후손"이라고 했다. 아달라이사금은 신덕왕의 700년도 훨씬 이전 조상이다. 당시 김씨 방계 인물도 많았을 텐데 나라 사람들은 굳이 아달라이사금의 아득한 후손을 선택했다. 나라 사람들이 박씨 일족으로 해석될 수밖에 없는 이유다.

박씨 왕가는 신덕왕에 이어 두 아들(54대 경명왕, 55대 경애왕)로까지 이어진다. 《삼국사기》와 《삼국유사》가 기술된 고려 후기 국가적 혼란기에 박제상의 행적이 의도적으로 부풀려졌을 가능성도 배제할 수 없다. 박제상의 희생이 박씨들이 부상하는 데 결정적 역할을 했는지 확신할 수 없지만 교두보 역할을 한 점은 분명해 보인다.

선덕여왕은 남편이 둘이었다?

고구려를 물리쳐 한강 유역을 차지하고 백제의 전성기를 이끈 성왕聖王(재위 523~554)을 살해한 신라의 정복 군주 진흥왕이 승하하자 진지왕眞智王(재위 576~579)이 왕좌에 오른다. 진지왕은 진흥왕의 둘째 아들이었지만 첫째인 동륜태자東輪太子(?~572)가 일찍 죽는 바람에 왕위를 물려받았다. 하지만 진지왕은 주색에 빠져 정사를 돌보지 않았고 나라 사람들이 4년 만에 폐위시켰다.

진지왕의 뒤를 물려받은 사람이 동륜태자의 아들 진평왕이다. 그는 신라에서 가장 오랫동안(53년) 왕좌에 있었지만 아들 없이 천명天明, 덕만德曼, 선화善化 등 딸만 셋을 뒀다. 덕만이 우리 역사상 곧 첫 번째 여왕인 선덕여왕이다. 선화는 〈서동요薯童謠〉 설화로 널리 알려져 있다. 《삼국사기》에서는 덕만이 맏딸이라고 했지만 다른 기록에서는 천명이 진지왕의 아들인 김용춘金龍春(?~?)과 결혼하기 위해 보위를 동생에게 양보한 것으

선덕여왕릉.
"여왕이 낭산狼山 정상에 묻어달라고 했다"라는《삼국사기》기록을 근거로 위치를 찾아냈다. 수많은
신라왕릉 중 피장자가 파악된 몇 안 되는 무덤 가운데 하나다. 경북 경주시 소재

로 전한다. 천명은 신라 삼국통일의 주역인 태종무열왕太宗武烈王 김춘추金
春秋(재위 654~661)의 어머니다.

《삼국사기》는 "덕만의 성품이 너그럽고 어질며, 명석하고 민첩했다.
진평왕의 아들이 없어 나라 사람들이 덕만을 왕으로 세우고 성조황고聖祖
皇姑(성스러운 조상의 혈통을 이어받은 여황제)의 칭호를 올렸다"라고 기록했다.

선덕여왕은 황룡사와 첨성대를 세워 찬란한 불교문화를 꽃피우고 삼
국통일의 기틀을 닦은 성군이다. 특히 독신이라는 점이 깊게 각인돼 있는
데, 그러다 보니 후사 없이 승하한 후 사촌 여동생인 승만勝曼(진덕여왕眞德
女王)이 보위를 물려받았다고 전한다.

《삼국유사》〈기이〉 편에도 "당나라 황제가 나비 없는 모란 그림을 보내온 것을 두고 왕(선덕여왕)이 '꽃을 그렸으되 나비가 없는 것은 꽃에 향기 없음을 말하는 바요. 이는 내가 남편이 없는 것을 비웃은 것이오'라고 신하들에게 말했다"라고 적혀 있다. 남자와 관련된 이야기는 그녀의 아름다움을 사모하다가 화귀火鬼가 됐다는 '지귀志鬼 설화'가 유일하다.

과연 선덕여왕은 평생 남자를 멀리한 채 국사에만 전념하면서 수도자처럼 정결하게 살았을까? 7세기경 신라의 문장가 김대문金大問(?~?)이 썼다는《화랑세기花郎世紀》 필사본이 1989년과 1995년 연이어 공개되면서 선덕여왕에 대한 기존 인식이 송두리째 흔들리기 시작했다.《화랑세기》는 화랑의 우두머리이던 풍월주風月主를 중심으로 화랑의 계보와 행적을 기록한 책이다. 책에서 선덕여왕과 연관이 깊은 김용춘은 13대 풍월주로 나온다.

이에 따르면 진평왕은 처음에 김용춘의 형인 김용수를 맏딸인 천명공주와 결혼시킨다. 하지만 천명은 용춘에게 "제가 본디 사모한 사람은 공입니다"라고 고백한다. 용수가 이런 천명의 속내를 간파하고 동생 용춘에게 천명을 양보하려고 했지만 용춘이 이를 애써 거절했다. 용춘은 아버지 진지왕이 여색에 빠져 폐위된 점을 염두에 두고 평소 여자를 멀리한 것이다. 한편 진평왕은 둘째 덕만이 용봉龍鳳의 자질과 태양의 생김새를 지녔다며 천명을 대신해 차기 왕으로 점지한다. 이에 천명이 순순히 왕위를 동생에게 내주고 궁 밖으로 나갔다. 진평왕은 이번에는 용춘과 용수 형제를 번갈아 가며 둘째 덕만과 정을 통하게 했으나 둘 모두에게서 자식을 얻지 못했다.

토우.

《화랑세기》의 내용처럼 신라시대엔 남녀 관계가 매우 개방적이었으리라 짐작된다. 경주 황남대총 옆 황남리 고분 등에서 출토된 다양한 형태의 토우는 나체와 과장된 성기, 성교 중인 모습 등 표현이 거침없다. 이런 토우는 다산을 염원하는 의례적 목적으로 만들어졌으리라 추정된다.

국립중앙박물관 소장

　　덕만은 총명하고 지혜가 있으나 남자를 밝혔다. 덕만은 즉위한 뒤 용춘을 남편으로 삼았으나 용춘은 스스로 물러나기를 청했다. 그러면서 선덕여왕을 가까이 하려고 하지 않았다. 용춘의 마음이 자기에게 없다는 사실을 알게 된 여왕은 용춘이 물러나 살 수 있게 윤허했다. 이어서 용춘이 천명공주를 아내로 삼았다고 《화랑세기》엔 기록돼 있다.

　　《화랑세기》는 심지어 김춘추의 아버지를 용춘이 아닌 용수로 묘사했다. 용수가 죽음에 임해 부인과 자식들을 아우에게 부탁하자 용춘이 천명공주를 아내로, 춘추를 아들로 삼았으며 태종이 즉위하자 갈문왕에 추존됐다고 한다.

　　진평왕의 아버지인 동륜태자가 사망한 원인도 충격적이다. 아버지 진흥왕의 후궁인 보명궁주의 거처를 드나들다가 사나운 개에게 물려 죽게 되는데 진흥왕이 조사해 보니 미실美實의 측근 중 의심 가는 이가 많다. 미실은 동륜과 정을 통해 그의 아이까지 갖고 있던 상황이었다. 미실이 질투심에 개를 풀어 동륜태자를 살해했다는 것이다. 그러나 대왕은 미실을 처벌하지 않았다.

신라의 대표적 팜므파탈인 미실도《화랑세기》의 핵심 인물 중 하나다. 미실은 진흥왕, 진지왕, 진평왕 등 세 왕을 모셨으며 사다함, 설원랑, 동륜태자, 미생 등과도 사통했다고《화랑세기》엔 서술한다.

《화랑세기》는 화랑의 남녀 관계, 근친혼, 처첩 관계 등이 주 내용을 이루지만 신라시대에 신라인이 기록한 유일한 사서다. 고구려의《유기留記》나《신집新集》, 백제의《서기書記》, 신라의《국사國史》등 삼국시대 각 나라별로 역사서들이 편찬됐다고 하지만 현재 전하는 것은 하나도 없기 때문이다.《삼국사기》나《삼국유사》는 고려 중기 이후의 기록이다.

《화랑세기》는 다른 역사서에서는 찾아볼 수 없는 신라의 생생한 역사가 담겨 있지만 화랑들의 문란한 성관계와 내부의 암투에 집중해 위작 시비가 끊이지 않는다. 이에 반해《화랑세기》속 미실이 지었다는 향가는 상당한 수준의 작품이어서 필사자가 창작했다고 보기 힘들며 책에 언급된 '구지溝池(왕궁인 월성 주변의 해자)'가 1980년대 후반에 와서야 처음 발굴된 점을 들어 절대 위작일 수 없다는 반박도 만만찮다.

신라의 풍속을 오늘날의 기준으로 평가해서는 곤란하다. 지나친 맹신도 위험하겠지만 상고사에 관한 자료가 전무한 실정에서 무조건적으로 거부부터 하고 보는 것도 옳지 않다.

전쟁도 이겨낸
반가사유상

우리 문화재의 대표 얼굴은 단연 국보 83호 '금동반가사유상'(이하 국보 83
호)이다. 2013년 뉴욕 메트로폴리탄 박물관에서 개최한 '황금의 나라, 신
라' 특별전 출품을 놓고 "우리 문화재의 우수성을 알리기 위해 가야 된
다", "귀중한 문화재를 내보낼 수 없다"며 시끄러웠던 작품이다. 국보 83
호는 국립중앙박물관 불교조각실에서 늘 만날 수 있다. 일제강점기와 한
국전쟁을 거치고도 이처럼 세상에 둘도 없는 걸작을 지켜 낸 것은 천운이
나 다름없다.

　1910년 서울의 한 골동품상이 예사롭지 않은 불상을 확보하고 있다
는 얘기가 은밀하게 돌았다. 소문을 접한 이왕가미술관(현 덕수궁미술관)은
불상의 실체를 확인한 뒤 당시 돈으로 2600엔이라는 거금을 주고 구입했
다. 이 불상이 바로 종교적 평온함과 예술적 완성도가 어우러져 '한국 조
각사의 기념비적 작품'으로 평가받는 국보 83호다. 당시 골동품상은 경주

반가사유상 머리 뒤에 광배를 붙였던 흔적. 수리된 왼쪽 발 부분. 수리 시기는 통일신라시대
귓불에도 구멍이 뚫려 있다. 후기로 추정된다.

에 살던 노부부가 경주 남산 입구에 위치한 오릉에서 수습했다고 전했다. 한참 뒤 국립중앙박물관장을 지낸 고故 황수영 씨는 추적 조사를 통해 국보 83호가 경주 내남면 남산 서쪽 기슭의 사찰에서 발견됐음을 밝혔다고 주장했다. 경주 남산이 출토지임은 확실해 보인다. 이후 불상은 조선총독부박물관으로 이관됐다가 광복 후 국립중앙박물관으로 소유권이 넘어왔다. 광복 이후 전시를 위해 해외에 아홉 번이나 나갔고 일수로 계산하면 3000일이 넘는 단골 해외 출품작이다.

입체적이면서 자연스러운 옷 주름, 꼼지락거리는 듯한 손과 발가락은 생동감의 극치를 보여 준다. 선명한 이목구비 위에 은은하게 퍼지는 고졸한 미소는 보는 이로 하여금 평온함과 함께 신비감마저 느끼게 한다. 《무량수전 배흘림기둥에 기대서서》의 저자 최순우는 알 듯 모를 듯한 이 미소를 "슬픈 얼굴인가 보면 그리 슬픈 것 같지 않고, 미소 짓고 있는가 하면 준엄한 기운이 누르는, 무엇이라고 형언할 수 없는 거룩함"이라고 묘사했다.

오른쪽 다리를 왼쪽 무릎 위에 올려놓은 반가半跏의 자세로 앉아 왼손을 오른쪽 다리 위에 두고 오른쪽 팔꿈치는 무릎 위에 붙인 채 손가락을 살짝 뺨에 대고 깊은 생각에 잠긴 형상의 불상을 흔히 반가사유상이라고 한다. 반가사유상은 부처가 어린 시절 인생무상을 느끼고 중생 구제를 위해 고뇌하는 모습을 표현한 '태자사유상'에서 기원을 찾는다. 국보 83호가 여덟아홉 살 소년의 모습을 하고 있는 이유다.

반가사유상은 고구려, 백제, 신라에서 모두 만들어졌다. 6세기 후반부터 7세기까지 많이 제작되고 예배됐다. 학계는 국보 83호의 제작 시기를 7세기 초, 구체적으로 630년부터 640년까지, 즉 선덕여왕 때로 본다. 한편 국보 83호는 일본 국보 1호인 고류 사廣隆寺 불상과 곧잘 비교된다. 독일의 실존주의 철학자 야스퍼스Karl Jaspers가 "이야말로 고대 그리스나 고대 로마의 어떤 조각 예술품과 비교할 수 없을 정도로 뛰어나며 감히 인간이 만들 수 없는 살아 있는 예술미의 극치"라고 극찬한 그 불상이다.

《일본서기》에 따르면 신라에서 제작돼 7세기 초 일본으로 넘어온 고류 사 불상은 한국계 혈통인 쇼토쿠聖德 태자(573~621)를 거쳐 신라인이면서 교토 호족이던 진하승秦河勝에게 전해졌다. 진하승은 호코 사方廣寺를 창건해 불상을 안치했는데 이는 고류 사의 옛 이름이다. 이런 기록에

도 일본은 한때 한반도에 건너간 장인이 조
각했다고 주장했다. 하지만 나무 재질이 한
반도에만 자생하는 적송赤松(춘양목)임이 드러
나면서 거짓으로 입증됐다. 재질만 다를 뿐
두 불상은 모양이 흡사하다. 1994년 일본 국
보수리소 다카하시 준부가 결국 "두 불상은
같은 공방에서 한 장인이 제작한 것"이라고
발표하면서 국보 83호가 고류 사 불상의 원
형임을 시인했다.

국보 83호는 무게 112.2킬로그램에 높
이가 93.5센티미터다. 고류 사 불상은 이보다
작다. 얼굴은 상대적으로 국보 83호가 가냘
프다. 무엇보다 국보 83호가 고류 사 불상을

국보 83호와 같은 공방에서
제작됐을 것으로 짐작되는
고류 사 목조 반가사유상.

능가하는 이유는 청동으로 주조했다는 점이다. 국보 83호는 청동 두께가
5밀리미터에 불과한데도 거의 흠집이 발견되지 않아 신라인의 놀라운 주
조 기술을 보여 준다.

세계적으로 국보 83호와 같은 청동상은 매우 귀하다. 전쟁 때 모조리
녹여 무기를 만드는 데 사용했기 때문이다. 국보 83호는 단순함을 강조한
둥근 조형감이 돋보인다. 머리에 얹은 보관寶冠도 아무런 장식 없이 둥근
산 모양이다. 허리 아래쪽은 치마의 일종인 군의裙衣를 입고 있다. 군의
주름은 두 다리를 덮으면서 무릎과 다리의 양감을 강조한다.

뒷머리에는 몸에서 나오는 빛을 형상화한 광배光背를 붙였던 흔적이 있으며 귓불에는 구멍이 뚫려 있다. 감마선을 투과한 결과 불상의 팔과 다리, 몸통 내부에는 주조 과정에서 뼈대로 사용한 철심이 발견됐다. 왼쪽 다리는 별도로 마련된 연화족좌蓮花足座 위에 놓여 있는데 왼쪽 발과 족좌의 앞부분은 후대에 수리된 것으로, 원래는 크기가 좀 더 컸으리라 추측된다. 수리한 부분에서 본체에는 없는 납 성분이 검출됐다. 양식을 볼 때 보수 시기는 통일신라시대 후기로 추정된다. 야스퍼스가 국보 83호를 접했다면 어떤 평가를 내렸을까?

국보 최고 가격
3인방

홍콩의 소더비 경매에서 명나라 영락제永樂帝(재위 1402~1424) 시대 금동불 좌상이 3050만 달러(약 327억 원)에 낙찰된 적이 있다. 중국 조소품 경매 사상 최고가다. 명 황실이 외국에 답례품으로 보내려고 제작한 불상으로, 1960년대 이탈리아로 흘러 들어가 개인이 소장해 왔다고 알려졌다. 불상은 중국의 부동산 개발업자가 구입했다.

2013년 세계 3대 박물관 중 하나인 뉴욕 메트로폴리탄 박물관이 야심차게 준비한 특별기획전 '황금의 나라, 신라' 출품을 두고 큰 논란을 빚은 국보 83호 금동반가사유상은 가격이 얼마나 될까?

그러나 한 번도 시장에서 거래된 적이 없으니 정확한 액수를 알 도리는 없다. 다만 파손이나 도난을 우려해 보험을 드는데 이때 매기는 '보험액'으로 간접 추정해 볼 뿐이다. 국보 83호를 소장하고 있는 국립중앙박물관이 뉴욕전시회 이전인 2013년 개최한 한 전시회 출품을 앞두고 보험평가위원회를 열어 보험액을 산정한 적이 있다. 그때 평가액은 5000만 달러, 즉 약 500억 원이었다. 국립중앙박물관 측은 "반가사유상은 물론 전체 국보 중에서도 역대 최고가"라고 했다. 국보

금동반가사유상(7세기 전반).
국보 83호, 국립중앙박물관 소장

금동반가사유상(6세기 후반).
국보 78호, 국립중앙박물관 소장

83호는 2007년 벨기에 브뤼셀 한국불교미술전 때도 보험가를 뽑은 적이 있다. 당시 금액은 300억 원. 6년 만에 200억 원이 상승한 셈이다. 국립중앙박물관은 "과거 가액과 외국에서 산정한 가격 동향 등을 다각적으로 가늠한 것"이라고 설명했다.

국보 83호와 함께 뉴욕에 보낸 황남대총 금관의 값은 얼마일까? 국보 191호인 황남대총 북분 금관은 금관 중 시기가 가장 앞서며(4세기 말~5세기 초) 나뭇가지 세 개, 사슴뿔 두 개 등 장식을 세운 신라 왕관의 전형적 형식을 정립시킨 유물이다. 하

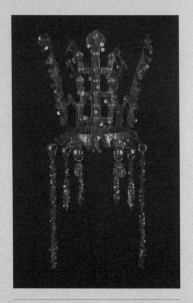

황남대총 북분 금관.
국보 191호. 국립중앙박물관 소장

지만 현존하는 금관이 여섯 개나 된다는 게 결정적 약점이다. 따라서 보험액은 반가사유상에 크게 못 미치는 1000만 달러로 책정됐다.

그 다음으로 높은 보험액이 매겨진 유물이 국보 192호인 황남대총 북분 금제 허리띠로, 900만 달러다. 이국적이고 화려한 문양의 황금 보검인 보물 635호 계림로 보검은 300만 달러, 화려한 장식의 국보 90호 경주 부부총 금귀고리는 크기가 작아 200만 달러로 각각 정해졌다.

백제 문화재 중 보험액이 제일 높은 것은 단연 금동대향로(국보 287호)다. 국립부여박물관이 보관하고 있으며 최근에 보험액을 산정한 적은 없다. 2004년 국립중앙박물관 개관 전시회 때 서울로 옮겨 오면서 한 차례 보험가액을 매긴 적이 있는데, 3000만 달러였다. 현재 가치는 국보 83호 반가사유상과 같은 5000만 달러로 추정된다고 한다. 국보 207호 천마도 역시 현존하는 유일한 고古신라 회화여서 가격이 높으리라 예상되지만, 보험액을 평가한 적이 없어 알 수 없다.

세계적으로 진가를 인정받는 청자는 어떨까? 자기류는 보험액이 국보가 400만 달러, 보물은 200만 달러 수준이다. 자기 중에서는 옥을 깎은 듯이 빚은 국보 95호 청자 투각 칠보무늬 뚜껑 향로가 500만 달러로 으뜸이다. 2004년 국립중앙박

천마총 천마도.
현존하는 유일한 신라 회화다. 국보 207호, 국립중앙박물관 소장

물관이 경복궁에서 용산으로 이전할 때 일괄적으로 매겼는데 당시 최고가 문화
재는 국보 95호와 국보 60호 청자 사자형 뚜껑 향로로 300만 달러였다.

그러나 실제 시장에서의 가격은 이를 훨씬 상회하리라 짐작된다. 보험가를 높게
산정하면 보험료도 그에 비례해서 많아지다 보니 매우 보수적으로 책정하는 게
관례다. 국립중앙박물관 측도 "보험료는 보험액 대비 0.1∼0.2퍼센트로 결정되
는데 보험료 부담을 고려해 보험액을 본연의 가치보다 낮게 부여하는 경향이 있
다"라고 했다.

무엇보다 국보의 독보적 가치를 감안할 때 보험가와 시장 가격을 동일시할 수는
없다. 문화재 수집가 간송 전형필(1906∼1962)은 1935년 국보 68호 청자상감운학

청자 투각 칠보무늬 향로.
국보 95호, 국립중앙박물관 소장

문매병을 구입하면서 당시 서울의 기와
집 스무 채 값에 해당하는 2만 원이라는
거금을 지불하기도 했다.

2012년 4월 미국 뉴욕 소더비 경매에
서 뭉크의 〈절규〉가 역대 최고 경매가
인 1억 2000만 달러(약 1380억 원)에 팔렸
다. 국립중앙박물관에서 '미국 미술 300
년전'에 전시된 제스퍼 존스의 작품도
1000억 원을 호가한다고 알려졌다. 희
소성과 상징성을 따질 때 우리나라를 대
표하는 문화재들이 이들 미술품보다 못
할 리 없다. 실제 행방이 묘연한 훈민정음 상주본의 가격이 1조 원에 달하는 것으
로 감정돼 주목받기도 했다.

일제는 왜 나흘 만에 서둘러
신라왕릉을 발굴했나?

1921년 9월 경북 경주시 노서동의 한 민가에서 집을 넓히려고 뒤뜰을 정리하다가 구슬이 발견되었다. 금관총金冠塚은 그렇게 처음 모습을 드러냈다. 조선총독부박물관 직원 파견이 늦어지자 경주경찰서장과 경주보통학교장 등 문외한들이 나서 불과 4일 만에 유물 수습을 마친다. 눈에 보이는 것을 주워 담는 수준이었지만 최초의 금관(국보 87호)과 금허리띠 및 장식품 등을 찾아내는 놀라운 성과를 올렸다. 금관총이라는 명칭은 신라 금관이 최초로 나왔기 때문에 붙었다. 그러나 현장 통제는 이뤄지지 않았고 유물 다수가 외부로 반출됐다. 일제강점기 약탈품으로 악명 높은 '오구라 컬렉션'에만 금제장식 등 금관총 유물이 여덟 점이나 있다.

1926년 서봉총瑞鳳塚과 황남리 고분 발굴 과정은 더 어처구니가 없다. 서봉총을 파 보기로 마음먹은 모로가 히데오諸鹿英雄 초대 경주박물관장은 발굴 비용을 조달하기 위해 경주역 확장 사업을 진행하던 한 업체에

1921년 민가를 확장하는 과정에서 고대 구슬이 발견되면서 금관총은 세상에 모습을 드러낸다.
국립중앙박물관 사진

경주 왕릉의 흙을 내다 팔려는 아이디어를 생각해 낸다. 황남대총 옆 황남리 고분군을 대상으로 삼아 다이너마이트로 무덤을 폭파하자 토우(주술적 용도의 사람 또는 동물 형상) 수백 점이 마구 쏟아졌다. 뜻밖의 상황에 당황한 그는 황남리 고분의 흙을 채취하는 일을 중단하는 대신 서봉총 봉분을 내다 팔아 발굴 비용을 조달한다. 서봉총에서는 봉황이 장식된 금관과 금허리띠 장식, 유리 팔찌 등 장신구들이 나왔다. 일제는 때마침 일본을 방문하고 있던 스웨덴의 아돌프 구스타프Adolf Gustav 황태자를 경주로 불러들여 서봉총 금관을 건져올리는 영광을 안겼다. 일제는 금관에 봉황 장식이 있고, 이를 스웨덴(서전瑞典) 황태자가 수습했다고 해서 무덤 이름을 서봉총으로 정했다.

서봉총은 9년 뒤에 발생한 일로 또 주목을 받았다. 1935년 9월 10

일 평양박물관에서 서봉총 출토품 특별전이 성공리에 끝났음을 축하하는 성대한 연회가 마련됐다. 이 박물관의 고이즈미 아키오小泉顯夫 관장은 서봉총 발굴을 주도한 인물이다. 이런 인연으로 자기 박물관에서 전시회를 연 것이다. 내로라하는 지역 유지들이 총출동한 연회는 유명 기생까지 동원된 질펀한 술자리로 이어졌다. 술판이 한창 무르익자 참석자들은 기생 중 으뜸인 차릉파車綾波라는 평양권번 기생의 머리에 금관을 씌우고 금목걸이·허리띠 등을 두르게 한 뒤 기념사진까지 찍는 만행을 저지른다. 이 사건은 묻힐 뻔하다가 사건 발생 9개월 뒤 《부산일보》에 사진과 함께 보도되면서 세상에 알려졌다. 여성의 무덤으로 추정되던 터라

일본인들이 신라 여왕을 끼고 술판을 벌인 것으로 묘사되면서 메가톤급 파문을 불러일으켰고, 소설의 소재로 등장하기도 했다. 각종 추문으로 서봉총은 기본 발굴 보고서조차 발간되지 않았고 전해져 오는 유물도 300점이 고작이다.

경주 도심의 큰 무덤에는 155기까지 일련번호가 매겨져 있지만 실

평양 기생 금관 사건을 보도한 1936년 6월 29일자 《부산일보》.

서봉총 발굴 전과 금관 출토 모습.
국립중앙박물관 사진

일제는 일본을 방문 중이던 스웨덴의 아돌프 구스타프 황태자를 경주로 불러들여 서봉총의 금관을 건져
올리는 영광을 안겼다.
국립중앙박물관 사진

제로는 이보다 훨씬 많을 것으로 추정한다. 피장자의 이름을 적은 명문 등이 없어 무덤의 주인이 누구인지 모르기 때문이다. 왕족 등 귀족 무덤도 많겠지만 왕비를 포함한 왕릉도 상당수 있으리라 짐작된다.

이처럼 신라왕릉 발굴은 일제에 의해 시작됐는데, 초기 목적은 조사 연구라기보다 문화재 약탈에 가까웠다. 발굴 조사는 1920년대 본격적으로 진행됐으며 신호탄은 금관총이었다. 대도 등 무기류가 발견돼 마립간 무덤이라는 주장이 있지만 여성의 귀고리가 있고 대도를 허리에 차지 않은 점을 들어 여성용이라는 견해가 지배적이다.

국립중앙박물관이 지난해 금관총 출토품 가운데 하나인 환두대도를 조사하다가 '이사지왕'이라는 명문을 확인했다. 이들 두고 일각에서 이사지왕과 발음이 비슷한 소지마립간을 피장자로 꼽았다. 환두대도가 일제 때 발굴 당시 무덤 내부가 아닌 무덤 위쪽에서 발견됐다는 점을 들어 이사지왕은 피장자의 이름이 아닌 칼을 헌납한 인물의 이름으로 보기도 한다.

1924년에는 금관총 동쪽에 인접한 무덤을 조사한다. 놀랍게도 두 번째 금관이 이곳에서 나왔다. 보물 383호로 지정된 금관이다. 무덤에서는 이외에도 금제 관장식, 금귀고리, 금가락지, 금팔찌, 금허리띠 장식 등 장신구들이 나왔는데, 금방울(금령金鈴)이 출토됐다고 해서 금령총이 됐다. 특이하게도 부장 유물의 크기가 다른 고분에 비해 매우 작아 어린 나이에 요절한 왕자의 무덤으로 본다.

금관은 서봉총에서도 나왔다. 바로 보물 339호다. 출토품 중에는 '태왕太王', '연수원년延壽元年辛卯'이라는 명문이 있는 은합이 포함돼 관심을 끌었다. 일부에서는 '고구려 왕'을 뜻하는 태왕과 신묘辛卯를 근거로 장수

경주 도심 주요 왕릉 위치도.
국립중앙박물관 사진

왕 39년(451)에 무덤이 조성됐다고 주장한다. 또한 서봉총은 종종 호우총
壺衧塚과 연관 지어 언급되기도 한다. 1946년 발굴된 호우총에서 청동그
릇(호우)이 출토됐는데 그곳에 을묘년국강상광개토지호태왕乙卯年國岡上廣
開土地好太王이라는 명문이 새겨져 있었기 때문이다. 을묘년은 415년(장수왕
3)이며 호우는 고구려에서 제작된 것으로 평가됐다.

그러나 '연수'라는 연호를 쓰던 서역의 고대국가 고창高昌국에서 이
보다 늦은 시기 선물로 받았다는 설도 있다. 무덤에서는 또 남성의 무덤
에 부장하는 칼과 관모 대신 여성용 귀고리와 허리띠 장식이 발견됐다.
세 기의 무덤은 모두 적석목곽분이다. 관 위에 사람 머리만 한 돌을 산더
미처럼 쌓아 올린 무덤이다 보니 도굴 피해를 입지 않았다. 일제는 황오

리 16호분, 노서리 215번지 고분, 황오리 54호분 등 몇 기의 무덤을 더 조사하지만 위 세 무덤에 비해서는 성과가 적었다. 이들 무덤에서 금관과 금장식품 세 개가 나왔지만 요즘 기준으로 볼 때 성과가 미흡하기 짝이 없다. 발굴 기술이 낙후되기도 했지만 무엇보다 무덤 전반에 대한 조사는 뒷전인 채 유물을 건져 내는 데만 급급해 발굴 참여 인원이 두 명 안팎이었고 기간도 짧았기 때문이다. 구역도 시신을 모신 관 내부만 살폈다. 늦었지만, 부실 발굴로 무덤의 전모를 파악하기 힘들던 신라 무덤에 대한 전면적인 재발굴을 국립중앙박물관이 90여 년 만에 추진하고 있다. 이 과정에서 우리가 몰랐던 새로운 사실이 밝혀지길 바란다.

스크랩#2

고려
이후

고려 태조 왕건은
사생아의 손자?

고려를 세운 태조 왕건王建(재위 918~943)의 할아버지 작제건作帝建(?~?)은 용왕의 사위라는 전설이 전한다. 이런 이유로 작제건의 후손인 고려 왕씨 일족의 겨드랑이에는 용의 비늘이 돋아났다는 것이다.

작제건이 상선을 타고 당나라로 가던 중 배가 바다 한가운데에서 멈춰 섰다. 신라인을 바다에 던져야 배가 다시 움직일 수 있다는 점괘가 나오자 작제건은 스스로 물속으로 뛰어들었다. 작제건은 바다의 용왕을 만나 용왕의 딸 용녀를 아내로 얻었다. 용왕은 작제건에게 "동방의 왕이 될 것"이라며 "다만 건建 자가 붙은 이름으로 삼대를 내려가야 한다"라고 알려 준다. 작제건은 용녀를 데리고 송악 남쪽에 정착해 네 형제를 두었는데 큰 아들 용건이 왕건의 아버지다. 용건은 도선대사가 점지해 준 명당에 집을 짓고 신라 49대 헌강왕憲康王 3년(877) 아들을 낳았다. 용건은 도선대사가 작명해 준 대로 아들 이름을 왕건으로 지었다. 작제건, 용건, 왕

고려 궁궐터인 만월대.

건까지 3대에 걸친 건建 자 이름이 완성되었다. 이상이 잘 알려진 고려 태조 왕건의 가계다.

　여기서 이상한 점은 작제건 이전의 조상이 불분명하다는 것이다. 《고려사》에 따르면 왕건은 천하를 통일한 이듬해인 919년 3월 조부모에게 각각 의조경강대왕懿祖景康大王(?~?)과 원창왕후元昌王后(?~?), 부모에게 세조위무대왕世祖威武大王(?~897)과 위숙왕후威肅王后(?~?)라는 시호를 올렸다. 조선이 목조穆祖(?~1274), 익조翼祖(?~?), 도조度祖(?~1342), 환조桓祖(1315~1360) 등 태조 이성계의 5대조까지 거슬러 올라가면서 제왕에 준하는 의례를 행한 것과 대비된다. 《고려사》 첫머리인 〈고려세계〉에도 "고려 왕실의 조상은 역사 기록이 없어서 상세하지 않다"라고 기록돼 있다.

더구나 왕건의 집안이 예성강 유역의 유력 호족 출신으로 알려진 것과는 달리 작제건과 그의 아들 용건은 성조차 없다. 개천에서 용 났다는 말처럼 왕건은 근본조차 찾기 힘들 만큼 보잘 것 없는 집안 출신이었을까?

개국한 지 200년이 훨씬 지나서야 고려는 왕조의 조상 찾기에 골몰한다. 고려 18대 의종毅宗(재위 1146~1170)은 생전에 김관의金寬毅(?~?)에게 명해 고려 왕실의 뿌리와 고려국의 기원을 새롭게 정리한 《편년통록編年通錄》을 편찬케 했다. 의종은 무능한 군주로 묘사되지만 이는 승자에 의한 기록일 뿐이다. 환관과 무신을 끌어들여 왕실의 중흥과 왕권 강화를 꾀하다가 오히려 무신의 난 3인방 중 한 명인 이의민李義旼(?~1196)에게 처참하게 죽음을 당하고 말았다. 《편년통록》은 지금 전하지 않지만 다행히 주요 내용이 《고려사》의 〈고려세계〉 부분에 잘 인용돼 있다. 《편년통록》은 작제건 이전 5대까지의 조상과 그들의 행적을 상세히 서술했다.

이에 따르면 옛날에 호경虎景이라는 사람이 성골장군聖骨將軍을 자칭하며 백두산에서부터 각처를 유랑하다가 개성 부소산扶蘇山 골짜기에 정착해 이곳 여인과 혼인했다. 어느 날 동네 사람 아홉과 평나산平那山에 사냥을 갔다가 날이 저물어 굴속에서 자려는데 갑자기 호랑이가 나타났다. 이를 본 호경이 혼자서 물리치기 위해 굴 밖으로 나가자 호랑이는 자취를 감췄고 별안간 굴이 무너져 굴에 있던 나머지 모두 압사했다. 이후 호경의 아들 강충康忠은 부잣집에 장가들어 천금의 부자가 됐고 '부소산에 소나무를 심어 바위를 드러내지 않으면 삼한을 통합할 자가 태어난다'는 술사의 말을 듣고 소나무를 심고 산의 이름을 송악산松嶽山으로 고쳤다.

강충은 이제건伊帝建과 보육寶育, 두 아들을 낳았다. 보육이 꿈에 곡령

왕건의 실제 용모를 추정할 수 있는
왕건 청동상의 얼굴 부분.
고려 4대 광종이 아버지 왕건의
업적을 기리기 위해 제작했다.

에 올라 남쪽을 향해 오줌을 누는데 온 산천이 은색 바다로 변했다. 이 말을 들은 이제건은 딸 덕주德周를 동생 보육과 혼인시켰으며 그들은 두 딸을 가졌다. 당 현종 12년(753) 훗날 당 숙종肅宗(재위 756~762)에 오르는 당나라 귀인이 예성강을 거쳐 보육의 집에 머물렀다. 귀인은 신분을 숨겼지만 보육은 그가 범상치 않음을 간파하고 딸 진의를 들여보내 동침하게 했다. 당 귀인이 떠난 뒤 진의가 아들을 낳았는데 그가 바로 왕건의 할아버지 작제건이다.

고려 26대 충선왕忠宣王(재위 1308~1313)이 원나라에 있을 때 원나라 한림학사翰林學士가 물었다. "대왕의 조상이 당나라 숙종 황제에게서 나왔다고 하는데, 어디에 근거한 말인가요? 숙종은 어려서부터 한 번도 대궐을 나간 일이 없고 안녹산安祿山의 난(755~763) 때 링우靈武에서 즉위했는데 어느 겨를에 신라로 가서 자식까지 두었겠습니까?" 충선왕이 이 말을 듣고 부끄러워 대답을 하지 못했다. 당나라 황실의 피가 섞였다는 것은 왕건을 당 황실과 연결시키려는 후대의 의도이겠지만, 아무런 역사적 근거도 없이 그런 내용을 삽입하는 것은 너무 무모하다.

작제건의 아버지는 도대체 누구여서 그랬을까? 왕건이 국호를 왜 고려로 정했는지에 해답의 실마리가 있다.

개성 왕건릉.

934년(태조 17) 7월 발해의 세자 대광현大光顯(?~?)이 발해인 수만 명을 데리고 고려에 귀부歸附하자 왕건은 그에게 왕씨 성을 하사하고 고려 왕실의 족보에 올려 왕족으로 예우했다. 또 황해도 배천白川 땅을 주어 거기서 나오는 비용으로 조상의 제사를 받들게 했다.

《자치통감》에 따르면 왕건은 후진後晉에서 온 승려 말라를 통해 후진 고조高祖(재위 936~942)에게 발해를 멸망시킨 거란을 함께 공격하자고 제의한다. 왕건은 "발해는 고려와 친척의 나라"라면서 "그런 발해를 멸하고 국왕을 사로잡은 원수를 갚아야 한다"라고 했다. 서긍도《고려도경》에서 "고려 왕실의 조상이 고구려의 대족大族"이라고 언급했다.

발해는 스스로 고구려의 역사와 전통문화를 계승했다고 천명했다.

왕건 역시 국호를 고려로 정하면서까지 직접적으로 고구려 부흥을 표방했다. 대조영이 고구려의 피를 물려받았듯 작제건의 아버지 역시 고구려 혈통을 물려받은 고구려의 후손은 아니었을까?

8세기 이후 산둥반도 등 중국 동해안 일대에 신라인 집단 거주 지역인 신라방新羅坊과 신라촌新羅村, 신라번新羅藩이 여럿 만들어진다. 주로 교역하던 상인들이 거주했으며 사신단, 유학생, 구법승과 함께 고구려·백제계 등 정치적 망명객도 상당수 머물렀다. 이 중 신라번은 완전히 독립된 자치국으로서 치외법권 지역으로 인정받았다. 명주明州(현재 저장 성 동부의 닝보寧波)의 주산군도舟山群島에 재당 삼국인의 근거지인 신라번이 있었는데 절동浙東 관찰사 설용이 이들의 자치권을 박탈하고 주산군도를 명주로 편입시키려다 재당 삼국인이 강력하게 반발하는 바람에 실패하기도 했다. 고구려계 유민인 치청절도사淄靑節度使 이정기李正己(732~781)는 대운하를 장악한 뒤 국내외 무역에 나서면서 독자적 번진藩鎭을 형성했다.

이와 같은 사실을 종합해 볼 때 신라에 왔던 당의 귀인은 당나라의 왕자가 아닌 재당 삼국 출신 상인일 것이다. 왕건의 조상인 호경이 백두산에서 내려왔다고 표현한 점이나 고려 건국 후 고구려 옛 땅을 되찾기 위해 북진정책을 국시로 삼은 점은 왕건이 재당 고구려인의 후예라는 추측을 가능케 한다.

왕건상의
보일락 말락 한 그것

국립중앙박물관 1층 선사고대관 전시실에는 매우 특이한 모양의 유물이 있다. 손바닥 크기(폭 12.8센티미터)에 기와지붕 형태인 이 유물의 명칭은 '농경문 청동기農耕文 靑銅器'. 청동기 시대의 농경 모습이 음각 문양으로 새겨져 있어서 붙은 이름이다. 1970년대 초 대전의 한 골동품상에게서 구입했고 대전 괴정동, 아산 남성리 유적에서 출토된 방패형 청동기와 유사해 제작 시기를 기원전 4세기쯤으로 추정한다. 농경문 청동기의 한쪽 면에는 다리를 벌린 채 따비(쟁기)로 밭을 일구는 남자가 표현돼 있다. 흥미로운 것은 이 남자가 발가벗고 있다는 점이다. 그리고 두 가랑이 사이로는 성기가 묘사돼 있다.

남자는 머리 위에 새 깃털로 보이는 긴 물체를 꽂았다. 고대인들은 새가 곡식의 씨앗을 가져다 주거나 죽은 이의 영혼을 하늘로 인도해 준다는 조령신앙鳥靈信仰을 믿었다. 남자는 제사장으로 보인다. 청동기는 주술적 의미가 있는 의기儀器, 즉 제사 용구로 여겨진다. 유물 윗부분에 구멍이 여섯 개 뚫려 있으며 구멍의 닳은 흔적으로 미뤄 제사장의 옷 등에 끈으로 매달았으리라 추측할 수 있다.

남자는 왜 나체로 쟁기질을 하고 있을까? 입춘 아침에 옷을 모두 벗고 밭을 가는 행위는 한반도 북부 지역에서 비교적 근대까지 이어졌다고 알려진다.

조선 중기의 문인 유희춘柳希春(1513~1577)은 문집《미암일기眉巖日記》에서 "입춘 날 함경도라든가 평안도와 같은 북쪽 지방에서 세시歲時 행사로 나경裸耕이 행해지는데 이런 야만적인 습속은 없애야 할 것"이라고 지적했다. 유희춘은 그러면서 "매년 입춘 아침 지방관아에 모여 나무로 만든 소(木牛)를 몰아 밭을 갈고 씨를 뿌려 심고 거두는 형태에 따라 해를 점치고 풍년을 기원한다. 이때 밭을 가는 자와 씨를 뿌리는 자는 반드시 옷

농경문 청동기.
국립중앙박물관 소장

반구대 암각화 중 나체 남자.
국보 285호, 울산 울주군 소재

을 벗게 한다. 추위에 견디는 씩씩함을 보고 세난歲暖의 상서로움을 이룬
다고 한다"라며 그 내용을 자세히 소개했다. 여성의 가슴과 엉덩이가 강
조된 조각상이 다산과 풍요를 기원하는 것과 마찬가지로 사내가 성기를
과시하는 그림은 생명의 번식과 생산에 대한 염원을 담은 것이다.

　　남성 성기 숭배는 보존 방안을 놓고 큰 논란이 빚어진 반구대盤龜臺
암각화의 주된 소재이기도 하다. 암각화에는 사냥감인 고래와 각종 짐승
과 과장된 성기를 가진 남자 들이 그려져 있다. 그뿐만 아니라 5~6세기
신라의 공동묘지인 경주 쪽샘 지구에서도 성기를 크게 부각시킨 토우가
다량 수습됐다.

왕들도 성기가 클수록 권위가 높았다. 신라 지증왕이 좋은 예다. 《삼국유사》에 "지증왕의 왕음王陰(왕의 남근)이 무려 한 자 다섯 치(45센티미터)여서 팔도에 사신을 보내 배필을 구했다. 모량부의 나무 아래서 북만 한 똥 덩이를 발견했는데 재상 댁 따님이 빨래를 하다가 눈 것이었다. 그를 왕후로 삼았다"라고 적혀 있다. 지증왕은 신라의 국가 체제를 정비한 인물이다. 국호를 신라로 정했고 왕이라는 칭호를 처음으로 사용했다. 거대한 남근은 그가 강력한 왕권을 추구했음을 상징한다.

하지만 불교를 숭상한 고려시대에 들어서면서 성기 숭배 사상은 크게 퇴색한다. 1992년 개성에 있는 고려 태조 왕건의 능, 현릉을 개축하려고 봉분 북쪽을 파던 굴삭기 삽에 청동상 하나가 걸려 나왔다. 양손을 얌전하게 마주잡고서 관을 쓰고 의자에 걸터앉은 자세였다. 눈여겨보면 성기도 표시돼 있다. 2센티미터 남짓한 크기로 아기들의 그것보다 작다.

불교 경전에 따르면 부처 또는 인도 신화 속 이상적 제왕인 전륜성왕

신라시대 남성 토우.
국립중앙박물관 소장

轉輪聖王의 신체는 32길상吉相을 하고 있다. 그중 하나가 마음장馬陰藏으로 전생에 색욕을 멀리해 성기가 말의 그것처럼 오그라들어 몸 안에 숨어 있는 모양을 하게 된다. 생식기 쪽에 몰려 있던 양기가 머리 쪽으로 올라가면 이렇게 된다는 것이다. 그러나 왕건은 부인 스물아홉과 자녀 서른넷을 둔 실로 엄청난 정력가였다. 이 청동상은 그의 아들인 광종光宗(재위 949~975)이 제작했다. 광종

고려시대 불교를 숭상하면서 성기숭배사상이 크게 퇴색한다. 1992년 개성에 있는 고려 태조 왕건릉에서 발견된 왕건 청동상에는 성기가 매우 작게 표현돼 있다.

은 후삼국시대의 혼란을 바로잡고 태평성대를 연 아버지를 부처와 동일시하고 싶었던 것이다.

청동상은 태조 존숭 사업의 일환으로 조성돼 봉은사에 모셨다고 전한다. 《고려사》〈신종神宗(재위 1197~1204)〉6년조의 "최충헌催忠獻(1149~1219)이 봉은사에 가서 태조 진전에 제사하고 겉옷과 내의를 바쳤다"라는 기록과 출토 당시 동상 표면에 비단 조각이 남아 있었고 옥대도 발견된 점에서 태조 동상이 나신이 아니라 옷을 입고 옥띠를 두른 상태였다는 것을 알 수 있다. 또 귓바퀴와 손가락 틈의 연한 분홍색 안료 흔적을 통해 조각상이 살색으로 칠해졌다는 사실을 알 수 있다.

청동상은 전란 때에는 어가와 함께 강화도로 옮겨지기도 한 고려 왕실의 최고 보물이었다. 하지만 조선을 건국한 태조 이성계는 고려왕조를 말살하기 위해 동상을 마전군(경기 연천군 마산면 아미리)으로 옮기도록 명한다. 이어 세종은 충청도 문의현(충북 청주)으로 보냈다가 11년 정월에 왕건의 영정과 함께 이를 다시 개성으로 가져와 왕릉 구석에 파묻게 했다. 현재는 북한이 갖고 있다. 영욕의 세월을 딛고 다시 돌아온 태조 왕건의 동상. 초상화와 한 세트로 보관됐으며 앉은키가 84.7센티미터로 성인 남자와 비슷하게 만들어졌다는 점에서 동상이 왕건의 실제 모습을 표현했을 것이라고 분석하기도 한다.

해저 유물은 **왜** 죄다 **청자**뿐일까?

2012년 11월 오리형·기린형 향로 뚜껑 등 국보급 고려청자와 함께 옛 명량대첩 해역(전남 진도 오류리 앞바다)에서 건져 올린 '소소승자총통小小勝字銃筒'이 공개됐다. 수중 발굴을 통해 찾아낸 이순신과 임진왜란 관련 최초의 유물이어서 모두가 흥분을 감추지 못했다. 그러나 그 못지않게 우리나라 해양 발굴 36년 역사상 최초의 조선시대 유물이라는 점에서도 의미는 컸다.

사실 지금까지 발견된 해저 유물은 청자 등 고려의 것이 전부였다. 국립해양문화재연구소에 따르면 2만 2000점에 달하는 유물을 인양한 전남 신안 방축리를 시작으로 현재 완료됐거나 진행 중인 해양 발굴 현장은 모두 스물한 곳이다. 이 가운데 열여덟 곳에서 고려청자와 고려 선박이 출토됐다.

충남 태안반도(1981~1987 발굴), 전남 완도 어두리(1983~1984 발굴), 전

청자 퇴화문堆花文두꺼비 모양 벼루.
충남 태안 대섬 해저에서 출토된 청자
벼루, 고려시대 보기 드문 유물이다.
보물 1782호, 국립해양문화재연구소 소장

청자 상감국화모란유로죽문
象嵌菊花牡丹柳蘆竹文매병.
충남 태안 마도에서 마도2호선이라
명명된 고려시대 선박에서 발견했다.
보물 1783호, 국립해양문화재연구소
소장

청자 음각연화절지문陰刻蓮花折枝文 매병.
마도2호선에서 발견했다.
보물 1784호, 국립해양문화재연구소 소장

남 무안 도리포(1995~1996 발굴), 전남 목포 달리포(1995 발굴), 전북 군산 비안도(2002~2003 발굴), 전북 군산 십이동파도(2003~2004 발굴), 충남 보령 원산도(2004~2005 발굴), 전남 신안 안좌도(2005 발굴), 전북 군산 야미도(2006~2009 발굴), 경기 안산 대부도(2006 발굴), 충남 태안 대섬(2007~2008 발굴), 충남 태안 마도 1호(2008~2010 발굴), 충남 태안 마도 2호(2009~2010 발굴), 충남 태안 원안(2010 발굴), 충남 태안 마도 3호(2011 발굴), 충남 태안 마도 해역(2012 발굴), 인천 섬업벌(2012 발굴), 전남 진도 오류리(2012 발굴). 발견된 유물의 주요 시대는 고려 문화의 최대 융성기인 12세기부터 14세기까지로 분석됐다.

이어서 전남 신안 방축리(1976~1984 발굴), 제주 신창리(1980·1983·1996 발굴), 전남 진도 벽파리(1991~1992 발굴) 등 세 곳은 중국 무역선 등 중국 관련 유물이 나왔다. 비록 중국 유물이라고는 하지만 시기적으로는 마찬가지로 고려 후기다.

조선보다 고려시대 유물이 바다 밑에서 많이 나오는 이유는 뭘까? 학계는 해양 강국이던 고려에는 해로를 이용한 운송이 일상적이어서 그만큼 침몰 선박도 많았다는 점을 우선적으로 든다.

실제 태안 일대는 난파 사고가 잦았다. 조선 후기의 학자 안정복安鼎福(1712~1791)은 《동사강목東史綱目》에서 "고려 공양왕 3년(1391)에 조운선이 안흥량(충남 태안 앞바다)에서 가라앉는 사고가 빈발했다"라고 기술했다. 이에 따라 고려 조정에서는 별도 수로를 파는 공사를 했지만 돌이 밑바닥에 깔렸고 조수가 들락날락하는 바람에 파내는 대로 메워져 끝내 성공하지 못했다.

국내 해저 발굴 현황

발굴 유적	발굴 연도	특징
전남 신안 방축리	1976~1984	14세기 중국 선박
제주 신창리	1980, 1983, 1996	12~13세기 중국 자기
충남 태안반도	1981~1987	14세기 고려청자
전남 완도 어두리	1983~1984	12세기 고려자기
전남 진도 벽파리	1991~1992	13~14세기 중국 선박
전남 무안 도리포	1995~1996	14세기 고려상감청자
전남 목포 달리도	1995	13~14세기 고려 선박
전북 군산 비안도	2002~2003	12~13세기 고려청자
전북 군산 섬이동파도	2003~2004	12세기 고려청자
충남 보령 원산도	2004~2005	13세기 초 청자향로
전남 신안 안좌도	2005	14세기 고려상감청자
전북 군산 야미도	2006~2009	12세기 고려청자
경기 안산 대부도	2006	12~13세기 선박
충남 태안 대섬	2007~2008	12세기 고려청자
충남 태안 마도 1호	2008~2010	13세기 고려청자
충남 태안 마도 2호	2009~2010	13세기 고려청자
충남 태안 원안	2010	고려청자
충남 태안 마도 3호	2011	고려청자
충남 태안 마도 해역	2012	고려청자
인천 섬업벌	2012	고려청자
전남 진도 오류리	2012	고려청자, 조선 총통

하지만 더 근본적으로는 조선시대에 조운漕運 시스템이 획기적으로 달라진 점을 이유로 꼽는다. 고려는 서남해 수로 연변에 조창漕倉 열세 곳을 설치해 각 지방에서 조세로 거둔 미곡, 특산품 등 현물을 모아 보관했다가 해로를 통해 개경 인근의 벽란도碧瀾渡로 수송했다. 이와 같은 고려의 조운 시스템은 14세기 중반에 일대 위기를 맞는다.

12세기 말경 일본 최초의 무사정권인 가마쿠라鎌倉 막부가 성립된 이래 일본에선 전란과 기근이 끊이지 않았다. 이 시기 왜구가 서남해안에

본격적으로 출몰하기 시작했다. 《고려사절요高麗史節要》에서는 충정왕忠定王 2년(1350) 2월에 고성·죽림·거제 등에서 노략질을 한 왜구가 왜구의 시작이라고 밝혔다. 귀중품을 실은 조운선이 왜구의 집중 공격 대상이었지만 무신정권, 원 제국 지배로 국력이 약해질 대로 약해진 고려 조정은 제대로 손을 쓰지 못했다. 또 《고려사절요》에는 충정왕 2년 4월에 왜구의 배 100여 척이 순천부에 침입해 약탈하고 남원·구례·영광·장흥부에서 공물을 실은 조운선을 노략질했다고 적혀 있다. 《동사강목》에도 공민왕 3년(1354) 왜구가 해마다 그치지 않고 침략했는데 이때 전라도의 조운선 40여 척을 약탈했다고 기록되어 있다.

고려 말 40년 동안 무려 500차례에 달하는 왜구의 침입이 있었고 이로 인해 국가의 조운 시스템은 붕괴되다시피 했다. 이는 우리 민족이 당한 전체 외침의 절반 이상에 해당한다. 실제 우왕禑王이 재위한 14년 (1374~1388) 동안에만 무려 378회나 왜구가 쳐들어왔다.

한때 조선을 침략한 왜구에 조선인도 포함됐다는 얘기가 많았다. 일본 교과서에도 그런 내용이 실렸다. 그러나 2010년 한일 역사공동연구위원회는 보고서에서 "이는 사실이 아니며 왜구는 대마도와 일본 본토 해안에 거주하는 일본인이었다"라고 명확히 결론내렸다.

새롭게 국가를 이룬 조선왕조는 국가 존립을 뒤흔들던 왜구를 대대적으로 토벌하러 나섰다. 세종대왕이 이종무李從茂(1360~1425)로 하여금 쓰시마를 정벌하게 한 일이 대표적이다. 그와 동시에 해로 위주의 조운 시스템을 육로로 바꾸게 된다.

공납은 국가를 지탱하는 근간인데 고려 말 공납 체계가 흔들리면서

진도 오류리에서 발굴한 청자들.
국립해양문화재연구소 소장

국가도 위태로워졌고, 이에 조선은 약탈, 침몰 사고가 빈발하는 해로 대신 안전한 육로를 선택하게 된다. 물론 상당수 공물을 육로에 의존했지만 부피가 크고 중량이 많이 나가는 쌀, 콩 등 곡류는 배를 이용할 때도 더러 있었다. 조선시대에도 풍랑에 침몰한 조운선이 있었겠지만, 주로 유실되기 쉬운 유기물만 실었기 때문에 그 흔적을 찾을 수 없는 것이다.

조선시대엔 궁중이나 귀족이 사용하는 고급 도자기 생산지도 남해안 일대에서 경기도로 옮겨진다. 고려 때는 강진(초기)·부안(후기)에 설치된 자기소에서 생산한 도자기를 해상으로 운송하는 구조였지만 조선에 들면 궁에서 쓰는 도자기를 경기도 광주관요에서 조달했다.

2014년 11월 국립해양문화재연구소가 '난파선의 공동묘지'라는 태안 마도에서 조선 분청사기와 111점의 백자 다발을 찾아냈다. 해양 발굴에서 백자가 나온 일은 이때가 처음이었다. 이를 두고 학계에서는 '해양에서는 청자만 출토된다'는 통념이 뒤집어졌다며 흥분을 감추지 못했다. 본격적인 조선시대 유물 발굴의 신호탄일지, 아니면 처음이자 마지막 백자 출현으로 기록될지 기다려 볼 뿐이다.

무덤까지
갖고 간 걸작

소동파의 시에서 유래한 '미인박명美人薄命'은 '용모가 뛰어나게 아름다우면 불행하다'는 뜻을 담고 있다. 이왕가미술관이 1910년 아오키라는 일본인 골동품상에게서 사들인 '자개 향香상자'가 딱 그런 신세다.

상자는 A4용지 남짓 크기로 구입 당시에도 나무가 대부분 썩고 자개 부분만 겨우 남아 손만 대도 바스러질 듯 매우 위태로웠다. 하지만 산수화를 연상케 하는 기품 있는 무늬 장식만으로도 보는 이의 넋을 빼앗기에 충분했다. 당시엔 도굴이 극성을 부렸다. 아오키는 상자를 팔면서도 출처에 대해서는 입을 닫았다고 한다. 이왕가미술관 측은 상자의 제작 양식과 보존 상태 등을 고려해 고려시대 고분 출토품으로 추측했다.

통일신라시대 이후 무덤에서는 부장품이 거의 발견되지 않았다. 불교와 유교가 발달하면서 사원과 사당을 짓고 이를 통해 죽은 이를 추모하는 형태의 의례가 자리를 잡았고 귀중품을 무덤에 넣는 전통도 사라졌기 때문이다.

고려시대의 무덤에, 그것도 금속이나 자기가 아닌 썩기 쉬운 나무 상자를 함께 넣은 이유는 뭘까? 피장자가 생전에 이를 너무 애지중지해 무덤까지 갖고 간 것은 아닐까? 상자는 1000년 동안 땅속에 묻혀 있어서 크게 훼손되었고, 설상가상 한국전쟁 중에는 원인 미상의 충격으로 대파돼 700여 파편으로 쪼개졌으며, 지금까지 파편 상태 그대로 국립중앙박물관 수장고에 보관돼 있다. 불행 중 다행으로 1929년 조선총독부가 편찬한 《조선고적도보》에 전체 사진이 실려 원형만 겨우 짐작할 수 있다.

많은 사연을 간직하고 있는 이 상자가 2014년 한 차례 공개됐다. 2006년부터 상자 보존과 복원 작업을 위한 재질과 제작 기법 등의 조사를 진행해 온 국립중앙박물관이 연구 성과를 발표하는 심포지엄을 열면서 상자를 선보인 것이다.

상자의 명칭은 '포류수금문 나전묘금향상蒲柳水禽文 螺鈿描金香箱(이하 향상)'. '포'는 부들, '류'는 버들, '수'는 물, '금'은 새다. '나전'은 자개, '묘금'은 금장식, '향상'은 향을 담아 보관하는 상자라는 뜻이다.

향상의 무늬는 주인이 죽어서까지 함께하고 싶어 했을 만큼 화려하기 이를 데 없어 '고려 공예의 최고봉'이라 불리기에 전혀 손색이 없다. 물가에 늘어진 능수버들이 실바람에 하늘거리고 물오리가 유유히 노니는 모습은 한 폭의 산수화를 보는 듯 회화미가 일품이다. 잘게 쪼개 붙인 전복껍데기 파편은 버들잎에 반사돼 부서지는 햇빛을 묘사했고 흐르는 물과 날아가는 새 그리고 물가 수초는 금칠로 마무리해 생동감과 풍성함을 극대화했다. 꽃술이나 작은 꽃은 대모玳瑁(바다거북 껍데기)를 붙이고 색을 입

《조선고적도보》제9권(1929)에 포류수금문 나전묘금향상이 소개되었는데,
표지도 이 상자의 무늬로 장식했다.

혀 섬세한 아름다움을 더했다. 향상 크기(뚜껑 포함)는 세로 29.1센티미터, 가로 20.4센티미터, 높이 11.2센티미터다.

지금까지 전하는 고려 나전품은 20여 점이다. 안타깝게도 대부분 외국에 있다. 도쿄 국립박물관, 나라 국립박물관, 런던 대영박물관, 아이치현 도쿠가와 미술관, 네덜란드 국립박물관, 미국 보스턴 미술관, 교토 기타무라 미술관이 고려시대 국당초문 나전경함(국화 당초무늬 불경 보관 상자)을, 일본 타이마 사當麻寺라는 절이 나전대모화장합, 대영박물관이 나전화장합을 각각 소장하고 있다.

하지만 향상은 이들에 비해 시대나 예술 면에서 독보적이다. 향상 제작 시기는 11~12세기로 추측한다. 문양이 유사한 청동은입사포류수금문정병青銅銀入絲蒲柳水禽文淨瓶 제작 시기가 참고할 만하다. 물론 현존하는 고려시대 나전경함 등과도 비교된다.

회화적 특성이 잘 살아 있는 포류수금문 장식은 여느 고려나전에선 찾을 수 없다. 고려나전 문양은 여백을 살린 예술미를 추구하다가 차츰 경전을 넣기 위한 용도로 대량 제작되면서 규칙적이고 양식화된다. 경함과 화장합도 대량 생산품이다.

향상은 고려나전의 초기 형태다. 금가루를 아교 등에 혼합해 채색하는 묘금描金 기법은 중국보다도 앞섰다. 향을 담은 상자로는 유일한 작품이기도 하다. 상자 안에서는 향도 발견됐다. 향은 틀에 눌러 찍어 낸 꽃 모양으로 두께는 매우 얇고 향의 표면에는 고古와 심心 자가 새겨져 있었다.

향상의 제작에는 당대 활용 가능한 기술과 재료가 총동원된 것으로 보인다. 수준 높은 고려 공예 기술의 증거들이 고스란히 남아 있는 유물로 보존 가치가 매우 높다고 할 수 있다. 옛 모습을 유지했다면 대한민국 대표 문화재로 손색이 없을 게 분명하다.

청동은입사포류수금문정병.
나전향상의 무늬와 흡사하다.
국보 92호, 국립중앙박물관 소장

세종이 《팔만대장경》을 일본에 넘기려 했다?

세계 최고의 고려 목판인쇄술이 총집결된 대장경은 모두 세 차례 간행됐다. 최초의 대장경인 《초조대장경》은 현종 2년(1011) 거란의 침입을 계기로 시작돼 선종宣宗 4년(1087)까지 76년간 제작됐다. 분량은 6000권에 달하며 대구 팔공산 부인사符仁寺에 보관되다가 1232년 몽골군이 침입했을 때 불타 버렸다.

고려는 대장경을 복원하기 위해 곧이어 《재조대장경》을 조성하는데, 이것이 바로 경남 합천 해인사에 경판이 소장돼 있는 《팔만대장경八萬大藏經》이다. 국보 32호이자 유네스코 세계 기록유산인 《팔만대장경》은 고

합천 해인사 대장경판.
국보 32호. 경남 합천군 해인사 소장

202

《팔만대장경》을 보관하고 있는 판전.

려 고종 23년(1236)부터 38년(1251)까지 15년 동안 만들어졌다. 6778권에
8만 1000여 경판으로 이뤄졌다.

《초조대장경》과 《재조대장경》 두 대장경 사이에 대각국사大覺國師 의
천義天(1055~1101)이 1091년부터 1102년까지 《속장경》을 제조하기도 했지
만 현재 행방이 묘연하다. 어디에 봉안됐었는지, 언제 사라졌는지 전하지
않는다. 해인사 《팔만대장경》은 현존하는 유일한 대장경판이다.

《팔만대장경》은 처음에는 강화도 선원사禪源寺에 보관되다가 이후 어
느 시점에 해인사로 옮겨졌다. 1398년(태조 7)설이 제일 유력하다. 조선 건
국 이후 성리학을 국가 이념으로 삼으면서 불교를 탄압했고 대장경과 같
은 불교 유물도 천대를 받았다.

동래부사접왜사도東萊府使接倭使圖.
18세기 동래부에 도착한 일본 사신의 모습을 볼 수 있다. 국립중앙박물관 소장

이 시기 바다 건너 일본은 무로마치室町 시대(1336~1573)에 접어들면
서 오히려 불교가 크게 융성한다. 왕과 각 지역의 영주인 슈고다이묘守護
大名들은 앞다퉈 관할구역에 사찰을 세웠고 그곳에 세계 최고 수준의 고
려대장경을 안치하려고 안달했다.

이들은 태조太祖 원년(1392)부터 중종中宗 34년(1539)까지 무려 여든일곱 차례에 걸쳐 조선에 대장경 서적을 하사해 달라고 부탁해 마흔다섯 차례나 받아갔다. 대장경 서적을 가져가기 위해 그들은 지극정성을 다했다. 진귀한 토산물을 바치고 충성심을 증명해 보이기도 했다.

《팔만대장경》이 제조되고 처음 보관된 곳으로 알려진 강화 선원사지.
인천 강화군 소재

정종定宗 1년(1399) 7월 실록은 "일본의 좌경左京 권대부權大夫 다다량의홍多多良義弘이 일본으로 잡아간 남녀 100명을 송환한 뒤 대장경 서적을 내려줄 것을 요청했다"라고 기록했다. 그는 자신을 백제의 후손이라고 소개했으며 조선의 골칫거리인 왜구 소탕에 협력하기도 했다.

이처럼 사신단까지 파견해 대장경 서적을 얻어가는 일은 일본 입장에서도 여간 성가신 일이 아니었다. 경판 자체를 확보한다면 일본 땅에서도 찍을 수 있고 조선에도 더는 아쉬운 소리를 하지 않아도 된다. 그래서 일본은 단 하나뿐인 대장경판을 달라고 요구하고 나선다. 태종 14년(1414)의 일이다. 일본 측의 거듭된 경판 요청에 태종은 성가시다는 듯 "경판을 주면 다시 청하는 일이 없을 것"이라고 했다. 하지만 예조에서 어쩐 일인지 "경판을 보낸다면 다시 되돌아오지 않을까 두렵다"라고 반대해 이 일은 무산됐다.

세종 5년(1423)에도 똑같은 상황이 재현된다. 일본 국왕의 사신 규주圭籌 등 135인이 떼로 몰려와 토산물을 올리고 대장경판을 달라고 졸랐다. 세종도 처음에는 대장경판이 무용지물이라며 넘기려 했다. 민족의 위대한 문화유산인 《팔만대장경》이 일본의 손으로 넘어갈 뻔한 순간이었다. 이에 대신들이 들고 일어났다. 그런데 그들의 주장은 엉뚱했다. 대신들은 "경판은 아낄 물건이 아니지만 일본의 요구에 계속 응한다면 뒤에 줄 수 없는 물건까지 청구하게 될 것"이라는 논리를 폈다. 세종은 뜻을 접고 "우리나라에 오직 하나밖에 없으므로 응하기 어렵다"라면서 한자로 된 팔만대장경판 대신 산스크리트어로 쓴 밀교대장경판과 주화엄경판을 보내기로 결정했다.

일본 사신들은 애초 요청이 받아들여지지 않자 본색을 드러냈다. 단식 농성을 벌이는 것으로도 모자라 "조선에 와서 간청하는데도 대장경판을 얻지 못했으니 병선 수천 척을 보내 약탈해 돌아가야 할 것"이라고 일본 조정에 알렸다.

세종 6년(1424) 조선은 금가루로 필사한 《인왕호국반야바라밀경仁王護國般若波羅蜜經》,《화엄경華嚴經》,《아미타경阿彌陀經》,《석가보釋迦譜》각 한 부를 더 얹어 일본을 달랬다. 물론 대장경을 지킨 것은 큰 다행이지만 당시에도 귀하게 여기던 경판과 책을 일본에 준 것은 아쉬운 일이 아닐 수 없다. 지금까지 국내에 남았다면 국보로 지정되고도 남았을 것이다. 하지만 일본은 만족하지 않았다. 일본은 세종 7년(1425) 4월에도 사신을 재차 파견해 대장경판을 달라고 했다. 일본의 집요함에도 조선은 끝내 이를 주지 않았다. 조선의 왕들과 사대부들이 겉으로는 체면 때문에 대장경판을 하찮게 여기는 척했지만 속으로는 그 가치를 인정해 보호하려고 한 것은 아닐까?

이런 팔만대장경판을 전 국토를 유린한 임진왜란 때 왜군이 뺏어가지 못한 것은 천운이나 마찬가지였다. 일본은 꿈에도 그리던 《팔만대장경》을 약탈하려고 했으나 승병과 의병이 목숨을 다해 지켜냈다. 당시 일본 최고 법사가 "만일 《팔만대장경》을 건드리게 되면 일본이 망할 것"이라고 경고해 가져가지 않았다는 설도 전한다. 《팔만대장경》은 어렵게 지켜낸 만큼 소중함도 더하다.

한국 미라의 주인공은 왜 모두 조선 사대부일까?

썩지 않고 건조돼 원래 상태에 가까운 모습으로 남아 있는 시체를 일컫는 '미라mirra'는 사실 포르투갈어다. 이 말은 일본을 거쳐 우리나라에 전해졌다. 영어로는 '머미mummy'다. 둘 다 고대 이집트 등에서 미라를 만들 때 방부제로 쓴 몰약沒藥(myrrh, mummia) 등에서 유래한다.

미라라고 하면 자연스럽게 이집트가 떠오른다. 널리 알려진 대로 고대 이집트 사람들은 영혼불멸 사상을 믿었다. 그들은 시신에 혼이 깃들어 있어 이를 잘 보존해야 죽은 사람이 사후 영원한 삶을 산다고 여겨 미라를 제작했다. 이집트인은 부패가 쉬운 뇌와 내부 장기를 모두 꺼낸 뒤 따로 보관하고 몸은 천연 탄산소다를 덮어 40일간 말렸다. 그리고 몸속에 톱밥 등을 넣은 뒤 아마포亞麻布로 감아 미라를 완성했다.

미라는 사후 미생물 등에 의한 부패가 억제될 때 만들어진다. 이집트처럼 인공 미라도 있지만 건조하거나, 차거나, 공기가 차단된 환경에서 자연적으로 생성되는 미라도 있다. 최근 건조 지역인 신장웨이우얼(위구르)자치구에서 보존 상태가 매우 우수한 미라가 집단으로 출토돼 이목을 끌었다.

2006년부터 타클라마칸사막의 소하 묘지(기원전 2000~1400 조성)에서 발굴 조사를 진행한 중국 신장문물고고연구소가 2013년 10월 경주에서 그간의 성과를 발표한 적이 있다. 발표에 따르면 이 지역 미라는 놀랍게도 매장 당시의 펠트felt 모자, 모직 망토, 가죽 장화 등 복장이 온전한 상태였다. 특히 고구려 조우관鳥羽冠을 연상케 하는 깃털을 모자나 장화에 꽂은 미라도 있었다.

우리나라도 예외는 아니다. 2000년 이후에만 경기 양주 소년 미라(5세 전후·2001), 파주 임산부 미라(23세·2002), 고양 일산 흑미라(64세·2003), 안산 봉미라(51세·2003), 대전 학봉장군 부부 미라(42세·2004), 전남 장성 미라

경기 양주군 해평 윤씨 선산에서 발견된 소년 미라.
촉촉한 피부에 손발톱은 물론 머리카락까지 그대로 남아 있다. 치의학검사로 추정한 미라의 나이는
5.5세였으며 기관지 안의 출혈을 감안할 때 천연두 또는 천연두의 합병증으로 사망했을 가능성이 높다.
전통적으로 어린이가 죽었을 때는 묘지를 쓰지 않는데 드물게 회곽묘에 매장해 미라를 남겼다.
단국대 석주선기념박물관 소장

(2006), 강원도 강릉 미라(61세·2007년), 전남 나주 미라(40대 중반·2009), 경남 하동 임산부 미라(2009), 경북 문경 미라(2010), 경기 오산 미라 2구(30대 초반, 10대 후반·2010) 등 열 곳 이상에서 발굴됐다.

미라는 장기 등이 그대로 남아 있어 당시 식습관, 질병, 자연환경 등을 연구하는 데 중요한 자료가 된다. 국립문화재연구소 등이 참여한 연구팀이 치아 분석, 부검, 현미경 관찰, 내시경 검사, 엑스선 컴퓨터단층촬영(CT), 자기공명영상(MRI) 등 영상의학적 검사를 실시해 미라의 사망 연도와 당시 연령, 사망 원인은 물론 생활양식과 질환까지 밝혀냈다.

해평 윤씨 집안의 양주 소년 미라는 대장에서 간디스토마(민물고기를 날로 먹었을 때 감염되는 기생충)의 알과 간 조직에서 간염바이러스 유전자를 검출했지만 사망 원인은 천연두 또는 그 합병증으로 추정했다.

파평 윤씨 집안의 며느리로 판단되는 파주 임산부 미라는 키가 153.5센티미터 정도에 분만 도중 자궁 파열로 인한 과다 출혈로 목숨을 잃었다. 흑미라는 유난히 검다고 해서 붙여진 명칭이며 CT촬영에서 흉부의 금속 파편이 확인돼 타살 가능성이 제기되며, 봉미라는 버선에 '봉' 자가 쓰여 있었다.

학봉장군 부부 미라는 여산 송씨 족보 등을 참고해 분석한 결과 학봉장군은 1420년대에 출생해 42세쯤 사망했고, 부인은 50대 초반인 1468년에 사망했다. 학봉장군은 167.7센티미터의 키에 턱수염과 콧수염이 있다. 식도와 위 등에서 각혈을 멈추게 하는 애기부들 꽃가루가 다량 검출된 것을 미뤄 볼 때 생전에 중증 폐질환을 앓았으며 기도 폐색으로 사망했다고 추측할 수 있다. 부부의 위와 장에서 육류와 채소류가 골고루 검출된 점은 균형 잡힌 식생활을 했다는 사실을 알려준다.

강릉 미라의 주인공은 강릉 최씨 가문의 최경선(1561~1622)으로 왼쪽 아래턱뼈의 외상으로 인한 출혈로 사망했다. 나주 미라는 인조仁祖(재위 1632~1649) 때 충청도 수군절도사를 지낸 유지경柳持敬(1570~?)의 어머니다. 질에서 태반이 나왔고 탈장이 돼 있으며, 혀를 깨문 상태로 죽었다. 오산 미라는 한 남편의 첫 번째와 두 번째 부인으로 보인다. 학봉장군 미라가 15세기로 가장 빠르고 나머지는 모두 16세기로 본인다.

이처럼 특정 시기에 미라가 집중되는 이유는 뭘까? 조선 전기부터 임진왜란 전후 시기까지 사대부가에서

복원한 회곽묘 모형.
국립문화재연구소 소장

는 회곽묘灰槨墓가 유행했다. 《조선왕조실록》에 세종대왕이 장인 심온沈溫 (?~1418)이 죽었을 때 관곽棺槨과 석회를 내렸다고 적혀 있다. 회곽묘는 나무로 짠 관 전체를 횟가루로 둘러싸 돌처럼 단단하게 굳힌 무덤이다. 회의 두께는 최대 35센티미터에 이른다. 도굴은커녕 물조차 스며들 수 없는 구조다.

국립문화재연구소 실험에서 토광묘土壙墓에 묻힌 실험용 쥐는 10주 후 부패가 심하게 진행되는 데 반해 회곽묘의 쥐는 형태가 그대로 유지되었다. 회곽묘 제작에 사용된 생석회는 굳기 시작하면 높은 열을 발생시킨다. 실험에서는 관 내부 온도가 섭씨 100도 이상으로 급격히 상승했다. 이 과정에서 미생물은 대부분 죽는다. 그러나 조선 후기 구덩이를 파고 시체를 직접 넣거나 나무 관에 시체를 넣어 그 위에 흙을 쌓아 올리는 토광묘가 확산되면서 미라도 함께 자취를 감췄다.

조선 왕실의
종교는 불교?

성리학적 유토피아를 지향한 조선은 과연 불교를 뿌리 뽑았을까? 조선은 강력한 불교 억제 정책을 폈지만 여러 사찰에서 대규모 불사佛事가 끊이지 않았고 아이러니하게도 그 주체는 국가 권력의 중심인 왕실이었다. 숭유억불을 솔선수범해야 할 왕실에서 불교를 신봉하니 성리학자들과 마찰이 없을 리 없었다.

조선 9대 왕 성종成宗(재위 1469~1494) 때가 유독 심했다. 성종은 유교 국가 구상의 핵심인 《경국대전經國大典》을 완성해 반포한 왕이다. 성종이 열셋이라는 어린 나이에 등극하자 조정은 하루도 조용한 날이 없었다. 불교를 크게 장려하던 세조世祖(재위 1455~1468) 때 숨죽여 지내던 성리학자들이 떼로 나서 폐불을 주장한 것이다. 불교를 비방하는 상소는 하루에만 여섯 건이 넘게 올라오기도 했다. 사찰은 폐쇄됐으며 승려는 군대에 들어가거나 머리를 기르고 노비가 돼야만 했다. 선비를 자처한 성종 치세에 불교

는 지난한 세월을 감내해야만
했다.

성종 7년(1476) 15만 명에
달하던 승려는 불과 4년 만에
10만 명으로 줄었다. 하지만 성
종이 승하하자 상황은 원상복
귀됐다. 한 예로, 대비가 된 정
현왕후貞顯王后(1462~1530)는 중
신들의 반대를 물리치고 남편
의 무덤(선릉) 옆에 극락왕생
을 빌기 위해 견성사見性寺(봉은
사)를 중창重創했다. 대비는 틈

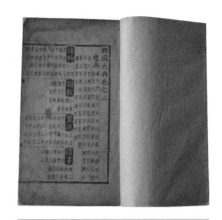

《경국대전》 권3.
조선의 성리학적 이념을 담은 기본 법전으로 성종
때 반포됐다. 그러나 성종의 어머니 인수대비는
독실한 불교신자였다. 보물 1521호, 국립고궁박물관
소장

만 나면 한강을 건너 견성사에 가서 예불을 올렸으며, 연산군燕山君(재위
1494~1506)이 친히 저자도(중랑천과 한강이 만나는 지점에 있었던 옛 섬)까지 마중 나
왔다고 한다. 연산군은 1499년 사찰 이름을 봉은사로 바꾸고 각 도의 절
에서 거둔 세금을 지급하라고 명했다. 그래서 연산군에 대한 불가의 평가
는 유림들이 쓴 실록과 판이하다. 불교계에서는 연산군을 희대의 폭군으
로 묘사한 실록의 기록이 왜곡됐으며 오히려 불교 중흥에 앞장선 왕으로
이해한다.

조선은 비록 정치 이념으로 유교를 추구했지만 왕실에서는 유교의
덕목인 효를 명분 삼아 선왕과 선왕비의 명복을 빌거나 대통을 이을 왕자
탄생을 기원한다는 명목으로 각종 불사를 지원했다. 임금의 개인 재산인

내탕금內帑金까지 털어 왕실 전용 사찰을 중수·중건했고, 이 사찰에 대한 대규모 시주는 물론 세금 감면 등 각종 혜택도 부여했다.

왕실 전용 사찰의 수는 얼마나 됐을까? 불교 연구가 고려 이전에 집중돼 있고 조선 불교 조사가 매우 일천한 실정이지만 각종 문헌을 통해 현재까지 개략적으로 파악된 조선 왕실 전용 사찰은 아흔다섯 곳인데, 능 주변에 조성돼 피장자의 명복을 기원하는 목적을 가진 능침사찰陵寢寺刹이 주를 이룬다.

능침사찰은 태조 5년(1396) 신덕왕후神德王后(?~1396)의 위패를 봉안한 정동 일대 흥천사興天寺 이후 무려 일흔 곳이나 만들어졌다. 그중 마흔일곱 곳은 조성 연대가 명확하고 나머지 스물네 곳은 그렇지 못하다. 여주 신륵사神勒寺는 세종대왕의 능인 영릉의 능침사찰이다. 신라 원효대사가 창건했다는 설이 있지만 세종대왕의 능이 서울 대모산大母山에서 여주로 이장되면서 왕릉 사찰로 정해졌고 1472년(성종 3) 200여 칸의 건물이 보수 또는 신축됐다. 임진왜란과 병자호란으로 폐허가 됐다가 수차례 중수한 끝에 오늘에 이르고 있다.

서오릉西五陵 사찰인 서울 은평구 수국사守國寺는 1459년(세조 5) 왕명으로 세워졌다. 세조는 큰아들이 죽자 덕종德宗으로 추존하고 넋을 기리기 위해 절을 짓게 했다. 불심이 깊던 덕종의 아내 소혜왕후昭惠王后(인수대비仁粹大妃, 1437~1504)는 미곡 100섬과 전답·노비를 시주했고 성종도 승려들에게 부역을 면제하라는 교지를 내렸다.

경기도 남양주 흥국사興國寺는 선조의 생부인 덕흥대원군德興大院君(1530~1559)의 능침사찰로 조선 후기 내내 왕실의 후원으로 유지됐다. 정조 17년(1793) 왕명으로 크게 중수됐고, 순조純祖 18년(1818) 대화재로 소실되자 왕이 다시 절을 지으라 명하고 성대한 낙성식을 베풀기도 했다.

한편 정조(재위 1776~1800)는 불교와 인연이 깊다. 정조는 수빈 박씨가 순조를 낳자 주체할 수 없는 기쁨에 후궁을 위해 수락산水落山에 내원암內院庵이라는 암자를 지어 주었다. 그리고 경기도 화성 용주사龍珠寺는 정조가 아버지 사도세자의 능인 현륭원顯隆園을 화성으로 이장한 뒤인 1790년 능사로 세운 절이다. 정조는 용주사를 짓기 위해 전국에서 시주 8만 7000냥을 거뒀으며 절이 완성되는 동시에 전국 사찰을 통제할 수 있는 막강한 권한을 줬다. 정조는 또 중국에서 보내온 장수옥불長壽玉佛을 북한산 승가사僧伽寺에 봉안했으며 승가사 사찰 승려들의 역을 면제하고 《불설대보부모은중경佛說大報父母恩重經》이라는 불경 간행 사업을 벌이기도 했다.

조선 왕실은 왕업의 무궁한 계승 발전을 기원하면서 전국의 명당 자리에 왕세자 등 왕손의 태를 봉안하고 표지석을 세운 태실胎室을 마련했다. 그러면서 인근에 이를 지키는 태실사찰을 따로 설치했다. 직지사直指寺(경북 김천)는 정종(재위 1398~1400), 은해사銀海寺(경북 영천)는 인종仁宗(재위 1544~1545), 오덕사五德寺(충남 부여)는 선조宣祖(재위 1567~1608), 정토사淨土寺(충북 충주)는 인조, 상환암上歡庵(충북 보은)은 순조의 태실사찰이다. 태실사찰은 이들을 포함해 열한 곳이다.

조선은 이와 별도로 전국 곳곳에 왕실 기도처인 원찰願刹도 함께 뒀다. 원찰은 현등사懸燈寺(경기 가평), 용문사龍門寺(경기 양평), 파계사把溪寺(대구 동구), 법주사法住寺(충북 보은), 송광사松廣寺(전남 순천) 등 전국에 열세 곳이다. 능침사찰과 태실사찰은 능이나 태실 옆에 조성됐지만 원찰은 전국적으로

용주사 대웅보전大雄寶殿.
경기 화성시 소재

신륵사 극락보전極樂寶殿.
경기 여주시 소재

직지사 대웅전.
경북 김천시 소재

법주사 팔상전捌相殿.
국보 55호, 충북 보은군 소재

흩어져 분포한다. 학계에서는 이들 절터가 명당이어서 선택됐다고 짐작한다.

조선왕조는 고려의 국교인 불교를 탄압하고 대안으로 유교를 표방했다. 고려를 부정하기 위해 이전 왕조의 정신세계를 지탱하던 불교까지 배척하게 된다. 하지만 조선 왕실은 결국 스스로의 필요에 따라 다시 불교로 회귀하게 된다.

그 많던 **조선**의 **무슬림**은 어디로 사라졌나?

세종대왕은 즉위년인 1418년 9월 종묘에 배알하고 창덕궁 인정전으로 옮겨 문무백관이 도열한 가운데 하례를 받았다. 그해 실록에 따르면 악공의 풍악과 함께 관리들이 품계별로 돌아가며 4배를 올리는 하례식의 대미를 장식한 것은 놀랍게도 '회회송축回回頌祝' 의식이다.

무슬림들이 이슬람 경전인 코란을 낭송하거나 이슬람식 기도를 통해 국가의 안녕이나 임금의 만수무강을 축원하는 의식이 바로 '회회송축'이다. 실록은 '회회인'들이 인정전 뜰에 들어와 송축을 읽고 이 절차가 마무리돼 판통례判通禮(의식을 진행하는 관리)가 "예를 마쳤다"라고 외치자 임금이 좌에서 내려왔다고 기록했다.

조선시대 왕의 즉위식이나 정월 초하루, 동지, 망궐례望闕禮(임금에 배례하는 의식) 등 궁중의 하례 때는 문무백관과 외교사절을 초빙했다. 그 자리에 이슬람 지도자들도 정례적으로 초대받아 송축을 했는데 이를 '회회조

회'라 불렀다. 세종대왕은 이슬람 원로의 낭랑한 코란 소리를 들으며 무슨 생각을 했을까?

조선 초만 해도 무슬림은 회회인으로 불리며 조선 사회의 일원으로 살았다. 무슬림끼리만 모여 사는 집단생활을 했으며 고유 복장과 종교의식도 지켜 나갔다. 태종 7년(1407) 1월 17일 실록엔 "회회 사문沙門(이슬람교 승려) 도로都老가 처자를 데리고 와서 조선에 머물러 살기를 원하니 임금이 집을 주어 정착하도록 했다"라고 기록돼 있다.

도로라는 인물은 또 태종 12년(1412) 2월 24일 실록에도 등장한다. "도로가 조선의 수정으로 여러 물건을 만들어 바치자 임금이 좋아했다. 도로가 '조선은 산천이 수려해 진귀한 보화가 많으니 저에게 전국을 두루 돌아다니도록 허가하면 얻을 게 많을 것'이라고 아뢰자 임금이 도로에게 금강산, 순흥, 김해 등지에서 수정을 캐도록 윤허했다."

눈이 크고 코가 오뚝했다는 처용處容에 대한 《삼국유사》 기록을 바탕으로 처용이 아랍인이었을 가능성을 최근 일각에서 제기할 만큼 아랍과의 교류는 역사가 오래되었다.

846년에 아랍 지리학자 이븐 쿠르다지바Ibn Khurdāhibah(816~912)는 《제도로 및 제왕국지》라는 책에서 신라에 거주하는 아랍인들에 대해 언급했다. "중국의 건너편에 산이 많고 금이 풍부한 신라로 불리는 나라가 있다. 그곳에 간 무슬림들은 좋은 환경에 매혹되어 영구히 그곳에 정착하고 떠날 생각을 하지 않았다."

9세기에서 15세기 사이 아랍인과 신라인의 접촉을 다룬 책은 무수히 많다. 마수디Mas'ūdī(?~957)는 이라크인이 한반도에 진출한 사실을

경주 원성왕릉 무인석.
아랍인의 모습을 조각한 것으로 알려진다. 왕릉의 무인석에 등장할 만큼 우리 민족은 아랍과 교류가
활발했다. 보물 1427호, 경북 경주시 소재

전했고 디마쉬키Dimashiqī, 누와이리Nuwayrī(1272~1332), 알 마크리지al-Maqrīzi(1364~1442)는 시리아 알라위Allawī족이 다마스쿠스Damascus 우마이야Umayya 왕조(661~750)의 박해를 피해 한반도로 망명한 사실을 밝혔다.

9세기 중엽 아부 자이드Abū Zayd, 슐레이만 알 타지르Sulaiman Al-Tajir 등의 아랍 여행자들이 남긴 기록을 보면 876년 '황소의 난' 기간 동안 중국 동남부 해안 지대에서만 10만 명 이상의 외국인이 살상됐다. 당시 이 지역에서 교역에 종사하던 아랍인들의 자치공동체가 많이 설치된 점으로 미뤄 피해자의 대부분은 아랍인으로 추정된다. 아랍인은 생존을 위해 중국화하거나 주변 국가로 흩어졌으며 그중 일부가 신라로 흘러들어갔으리라는 추정이다.

고려시대에는 수도 개성에 대규모 이슬람 집단이 거주하면서 그들만의 종교의례를 위해 모스크를 짓고 살기도 했다. 이슬람계 주민은 원나라 간섭기부터 고려에 건너와서 정착해 살았다. 중앙아시아 위구르-터키계 무슬림은 몽골이 고려를 침공했을 때 몽골군의 일원으로 한반도에 유입돼 고려 조정에서 벼슬을 얻거나 몽골 공주의 후원을 배경으로 권세를 누렸으며 점차 고려 여인과 결혼을 통해 동화 과정을 거쳐 갔다. 고려에 정착한 이슬람 집단은 경제력은 물론 상당한 사회적 지위를 구축했다. 또 고유한 습속과 언어, 종교 등을 보존하면서 개성과 인근 도시에 자치공동체를 형성했다.

1274년 고려 충렬왕忠烈王(재위 1274~1308)의 왕비인 제국대장공주齊國大長公主(1259~1297)의 시종으로 따라온 '삼가三哥'라는 회회인은 고려에 귀화해 왕으로부터 '장순룡張舜龍'이라는 이름까지 하사받았고, 덕수德水 장

경주 계림로 보검.
이러한 형태의 단검은 유럽에서부터 중동 지방에 걸쳐
확인될 뿐 동양에서는 발견되는 일이 없다. 동서양
문화 교류를 알 수 있는 중요한 자료다. 보물 635호,
국립경주박물관 소장

경주 황남대총에서 출토한 유리병과 유리잔.
유리의 질과 형태, 색깔을 볼 때 서역에서 수입된 것으로
보인다. 특히 가느다란 목과 얇고 넓게 퍼진 유리병의
받침은 페르시아 계통의 용기에서 볼 수 있다. 국보 193호,
국립중앙박물관 소장

평양 석암리 금제 띠고리.
국보 89호, 국립중앙박물관 소장

씨의 시조가 됐다. 중국 광저우 박물관에 소장된 고려인 묘비에는 "1349년 고려인 라마단이 광저우에 와서 병을 얻어 사망한 후 이슬람 묘역에 묻혔다"라고 새겨져 있다. 고려인 이름이 이슬람식이며 죽어서 안장된 장소도 이슬람 묘역인 점을 볼 때 묘비의 주인공은 고려에 귀화한 무슬림이거나 그 후손일 것이다. 그들은 고려가 망한 후 조선 초기까지도 종교적 자치권과 이슬람 양식을 지켜 나갔다.

이슬람문화는 우리 사회에 다양한 영향을 미쳤다. 우리가 쓰는 음력은 이슬람 역법을 우리 식으로 개조한 것이다. 농사를 잘 짓기 위해선 뛰어난 농사 달력이 있어야 했지만 중국의 수시력授時曆은 해 뜨는 시각, 달의 움직임이 우리와 잘 맞지 않는다고 《세종실록》은 지적했다. 그래서 집현전 학사 정인지鄭麟趾(1396~1478) 등이 이슬람 역법의 원리와 이슬람 과학을 배워 우리 역법의 일몰 시간, 동지 등을 모두 대입해 만든 것이 오늘날 음력의 기초가 된 《칠정산외편七政算外篇》이다. 조선시대 크게 유행한 청화백자도 안료 등에서 이슬람의 영향을 받았다.

한반도에서 왕성하게 살아가던 그들은 어느 날 갑자기 우리 역사에서 흔적 없이 사라졌다. 그 이유가 《세종실록》에 잘 기술돼 있다. 예조에서 아뢰기를 "회회의 무리가 의관이 달라 사람들이 이질감을 느끼는 바이미 우리 백성이 되었으니 마땅히 우리 의관에 따라 차이를 없애야만 자연스럽게 혼인하게 될 것입니다. 회회인들이 대조회 때 송축하는 의식도 폐지하는 것이 옳습니다"라고 했고, 임금은 승낙했다. 이때가 1427년이다. 이후 무슬림 특유의 종교의식과 복장을 칙령으로 금지했으며 무슬림은 생존을 위해 고유 풍습을 버리고 조선에 빠르게 동화돼 갔다.

수양대군의 관상은 이리상?

900만 관객을 동원하면서 화제를 모은 영화 〈관상〉(2013)에서 세조는 역모의 얼굴인 '이리상'으로 묘사됐다. 어린 조카 단종端宗(재위 1452~1455)을 없애고 권력을 찬탈하는 수양대군 역을 맡은 배우 이정재는 영화에서 잔인하고 치밀하며 집요한 면모가 있는 표정을 연기했다.

실제 세조의 얼굴 생김새는 어땠을까? 세조의 초상화가 있으면 좋으련만 불행히도 현전하지 않는다. 1954년까지는 분명히 존재했지만 화재로 사라져 버렸다. 다만 그의 개략적인 얼굴 윤곽을 유추할 수 있는 자료가 몇몇 남아 있다.

조선 최후의 어진御眞화가 이당以堂 김은호金殷鎬(1892~1979)가 1928년 창덕궁 선원전璿源殿(어진을 모시던 건물)에서 세조의 초상화를 모사模寫하는 장면이 사진으로 전한다. 이 사진의 배경에서 세조의 영정을 흐릿하게 볼 수 있다.

세조 어진 초본.

또 다른 자료는 이당이 1969년 5월 14일자 《경향신문》에 공개한 세조 어진의 스케치에 해당하는 초본草本이다. 조선 왕들은 대체로 수염이 많지 않은데 세종대왕 상은 수염이 풍성해 고증이 잘못됐다는 내용의 기사다. 그 증거의 하나로 제시된 것이 바로 김은호가 직접 그린 세조 어진 초본이다. 세종의 아들인 세조의 수염이 적은 것으로 미뤄 세종의 수염도 많지 않을 것이라는 주장이었다.

이 초본에서 세조는 외모가 이정재와는 전혀 다르며 이리를 닮지도 않았다. 사납다기보다는 영양 상태가 좋아서인지 오히려 후덕한 느낌마저 준다. 아쉽게도 이 초본은 사라졌다. 김은호 사후에 유작·유품의 상당수가 개인들에게 팔렸는데 그 과정에서 분실됐는지는 알 수 없는 노릇이다.

어진은 임금의 초상화다. 일반인이 가장 궁금해 하는 점은 어진이 실제 임금의 얼굴과 일치하느냐다. 어진을 제작하는 방법은 도사圖寫, 추사追寫, 모사 또는 이모移模 세 종류로 나뉜다. 도사는 임금이 생존해 있을 때 직접 얼굴을 보면서 그리는 방식이고 추사는 승하한 후 기억에 의존해 그리는 방식이다. 도사든, 추사든 실물과 똑같이 표현한다. 따라서 어진은 임금의 실제 모습이다.

비단에 그린 어진은 수명이 유난히 짧았다. 어진이 낡으면 원본 그대로 다시 만들게 되는데 이를 이모라 한다. 기존 어진은 물에 빨아 폐기했

영조 어진.
보물 932호, 국립고궁박물관 소장

연잉군 초상.
보물 1491호, 국립고궁박물관 소장

고 더러는 상자에 넣어 땅에 파묻기도 했다.

어진이 가장 많은 왕은 조선을 개국한 태조다. 기록에 따르면 무려 스물여섯 점에 달했다고 한다. 청룡포를 입은 태조 어진은 전주 경기전慶 基殿 어진이다. 경기전은 태조 어진을 모시기 위해 특별히 지은 사당이다. 여러 임금의 어진 중 원본이 가장 잘 보존된 태조 어진은 2012년 6월 29일 국보 317호로 지정됐다. 무장 출신답게 다부진 얼굴이다. 마찬가지로 태조 어진을 두던 건물 중 하나인 경주 집경전集慶殿에 있던 태조 어진을 가져와 모사해 경기전으로 보냈는데, 경기전에 처음 봉안하게 된 사연이 실록에 잘 나와 있다.

> 경상도 관찰사 이원李原이 계림(경주)에서 태조의 진용眞容(어진)을 받들고 도 착했다. 각사에서 관원 한 명씩 나와 숭례문 밖에서 맞이한 뒤 계성전啓聖殿 에 임시 안치했다. 완산부(전주)에서 어진을 봉안하기를 청하므로 서울로 모 셔와 모사하도록 명했다.
>
> — 태종 9년(1409) 2월 17일

그러나 현재의 경기전 어진은 1872년 영희전永禧殿 어진을 모본으로 해 그려졌다. 이 어진은 노년기 태조의 모습을 담고 있다. 유리 원판 사진 으로 남아 있는 함흥 준원전濬源殿 어진은 머리카락과 수염이 검은 중장년 기의 태조다.

그런데 현존하는 어진은 얼마나 될까? 1935년 일제 통감부의 어진 수리 과정을 기록한 〈영정수개등록〉엔 태조, 세조, 원종元宗(인조의 생부, 1580

철종 어진.
보물 1492호, 국립고궁박물관 소장

~1619), 숙종肅宗(재위 1674~1720), 영조英祖(재위 1724~1776), 연잉군延礽君(영조의 왕자 시절 이름), 정조, 순조, 익종翼宗(효명세자·헌종의 생부), 헌종, 철종哲宗(재위 1849~1863), 고종, 순종純宗(재위 1907~1910) 등 열두 임금의 어진 마흔여섯 점이라고 했다. 전란의 여파로 숙종 이전의 어진은 이때도 존재하지 않았다. 태조, 세조, 원종 어진은 봉안처가 궁궐 밖이어서 전란의 피해를 입지 않았다.

이들 어진은 한국전쟁을 피해 부산 국악원으로 옮겨지는데 불행히도 1954년 12월 발생한 화재로 대부분 소실된다. 화재 현장에서 태조, 원종, 영조, 연잉군, 철종, 순조, 익종 어진을 건져 냈지만 얼굴이 남은 것은 영조와 연잉군, 철종 어진이 유일했다. 그나마 철종 어진은 입 부분이 사라진 상태였다. 드라마 〈이산〉(2007)이 인기를 끌 당시 영조 역으로 출연한 배우 이순재 씨가 영조의 초상화와 닮아 화제가 되기도 했다. 영조와 철종 어진은 현재 고궁박물관에서 보관 중이다.

어진 속 복장은 다양했다. 익종 초상화는 국가의 큰 제사와 혼례를 올리거나 즉위할 때 입는 제복인 면류관과 면복 차림이다. 말을 탄 어진도 있다. 군복을 즐겨 입은 정조 이후에는 군복 차림의 어진이 많았다. 연잉군 철종의 복장이 군복이다.

물론 정복인 홍룡포를 입고 있는 모습이 가장 흔하다. 그런데 다른 어진은 모두 홍룡포 차림인데 유독 경기전의 태조 어진만 청룡포를 입고 있다. 왜 태조가 청룡포 차림인지에 대해 숙종도 의문을 가져 신하들과 논의하기도 했다. 우리나라를 의미한 청색이 고려시대에 숭배돼 개국 초기인 태조 때에도 용포에 사용한 것으로 추측만 하고 있다.

현대에 들어 태조의 모사본이 유일하게 제작됐다. 전시를 위해서다. 국립고궁박물관엔 태조의 모사본이 있는데, 경기전 어진을 모사했지만 홍룡포 차림이다. 세조 초상화도 이당이 생존했을 때 복원했으면 어땠을까 하는 아쉬움이 든다. 지금이라도 초본과 배경 사진을 바탕으로 다시 제작하면 어떨까.

엑스선으로 국보의
비밀을 밝히다

마치 거울을 통해 내면을 투시하는 듯한 형형한 눈매, 강한 신념이 느껴지는 꽉 다문 입술, 불꽃처럼 꿈틀거리는 수염….

사실적인 얼굴 묘사가 압권인 공재恭齋 윤두서尹斗緖(1668~1715) 자화상(국보 240호)은 우리 회화사에서 전무후무한 걸작으로 꼽힌다. 신체 일부를 떼어 내 그림으로 묘사하는 것은 유교의 나라 조선에서 금기시됐다. 그런데도 이 초상화에는 목과 상체가 그려져 있지 않다. 귀조차 없이 탕건宕巾과 안면만 있다. 윤선도尹善道(1587~1671)의 증손이며 정약용의 외조부인 공재는 극심한 당쟁 속에서 형제와 벗을 잃었다. 그래서인지 암울한 조선의 현실에서 자신의 길을 가고자 한 굳은 의지와 다짐을 그림에 투영시켰다는 해석이 설득력을 얻는다. '미완성작'이라는 주장도 제기됐다.

하지만 첨단 기법을 동원해 분석했더니 뜻밖의 결과가 나왔다. 국립중앙박물관이 현미경과 적외선, 엑스선 촬영과 형광분석법 등으로 조사해 보니 초상화는 원래 완성작이었으며 오랜 세월이 경과하면서 퇴화된 부분이 많은 것으로 드러났다. 생략된 것으로 여겨진 귀는 희미하지만 붉은 선으로 표현됐고 옷깃과 옷 주름

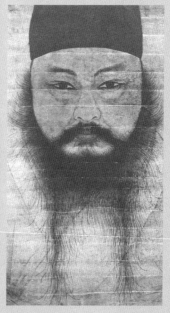

윤두서 자화상.
국보 240호, 고산 윤선도전시관 소장

윤두서 자화상 적외선 사진.
국립중앙박물관

도 분명히 존재했다. 정밀하게 채색까지 된 사실도 밝혀졌다. 다만 무슨 이유로 선과 채색이 지워졌는지, 어떻게 얼굴만 보존될 수 있었는지는 규명하지 못했다.

첨단 장비는 육안으로 확인할 수 없는 부분을 보여 준다. 적외선은 안료 등으로 가려진 밑그림을, 엑스선은 내부 구조를 살펴보는 데 주로 쓰인다.

최치원 영정도 엑스선 등으로 그 실체가 확인됐다. 18세에 당나라 빈공과에 장원으로 합격한 신라 최고의 천재 최치원崔致遠(857~?)은 '토황소격문討黃巢檄文'으로 널리 명성을 떨쳤지만 귀국 후 높은 신분제의 벽에 가로막혀 자신의 뜻을 현실정치에 펼쳐 보이지 못한 채 깊은 좌절을 안고 역사의 뒤안길로 사라졌다.《삼국사

운암영당고운선생영정.
경남 하동군 운암영당 소장

최치원 영정 엑스선 사진.
국립중앙박물관

기》는 지리산으로 은퇴한 뒤 언제 죽었는지 모른다고 썼다. 이 기록 때문에 지리
산 신선이 됐다는 전설이 민간에선 광범위하게 퍼졌다.

국립중앙박물관이 경주 최씨 문중이 소장하고 있던 최치원 영정(경남도유형문화재
187호)에 엑스선을 투과시켜 덧칠된 그림 속에서 제작 연도를 새롭게 찾아냈다.
건륭 58년(1793)에 그려졌다는 제작 내력이 쓰여 있었다. 이는 각종 최치원 영정
중 시기가 가장 빠르다. 적외선 촬영에서는 문방구가 그려진 영정 밑바탕에서 동
자승으로 추정되는 인물 그림이 보였다. 영정은 애초 신선도로 기획돼 제작된 것
이다.

신선도인 최치원 영정이 문방구를 갖춘 유학자 영정으로 바뀌게 된 유래는 뭘
까? 영정은 경남 하동 쌍계사豐磎寺에 보존되다가 서원 등으로 옮겨졌다. 그 과
정에서 동자승 등 불교나 도교 흔적이 지워지고 문방구류 등 유학적 색채가 덧

천마도 장니 옆에서 발견된 채화판과 적외선 사진.
국립경주박물관

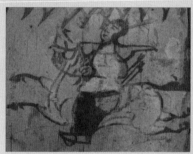

경주 덕천리 출토 등잔과 엑스선 사진.
국립경주박물관

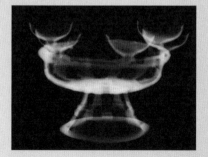

씌워졌다고 해석할 수 있다.

1973년 발굴된 경주 천마총에서 출토된 천마도 장니(흙받이)에 묘사된 동물은 말이 아니라 동아시아 문화권에서 상서로운 동물로 여기던 기린이라는 것도 적외선을 통해 밝혀졌다. 적외선 사진에서는 뿔 하나가 천마 정수리에서 완연하게 확인됐다. 천마는 부채꼴 모양 눈을 부릅뜬 채 이빨을 드러내고 웃는 얼굴을 하고 있다. 입에서는 신기神氣로 보이는 김을 내뿜고 있다. 천마총이 조성되던 5~6세기 무렵, 즉 불교가 확산되기 이전 도교가 신라 사회의 주류 사상이었음을 짐작할 수 있다.

첨단 기법은 회화뿐 아니라 조각이나 공예품에도 사용된다. 경북 경주 덕천리에서 출토된 등잔은 굽다리 위에 여섯 개의 작은 등잔을 올려놓은 형태다. 엑스선 사진을 보면 등잔 아래에 뚫린 구멍들이 아래쪽의 크고 둥근 관과 서로 이어진 구조다. 여섯 개의 등잔에 따로따로 기름을 넣은 게 아니라 한 곳에만 부으면 모든 등잔에 자동으로 기름이 채워지는 구조다. 여기에 각각 심지를 꽂아 불을 밝혔다. 또한 천마도 장니 옆에서 발견된 채화판에서 말을 탄 인물 그림 일곱 점과 상상 속의 새 그림 다섯 점을 적외선을 이용해 추가로 찾아냈다. 채화판은 자작나무 껍질 두 장을 겹쳐 팔찌 모양으로 만든 다음 윗면엔 서조도瑞鳥圖(상서로운 새 그림)와 기마 인물도를, 아랫면엔 초화문이나 능형문菱形紋(마름모꼴 무늬)을 그려 넣었다. 적외선을 통해 그림의 흔적이 더욱 확실히 드러났고 새로운 그림이 존재한다는 사실도 알아냈다. 서조도와 기마인물도 모두 고구려 고분벽화에 보이는 것들과 흡사했다. 그러나 채화판의 용도는 현재까지도 오리무중이다.

충무공 이순신의 진본 초상화는?

충무공忠武公(1545~1598) 하면 월전月田 장우성張遇聖 화백(1912~2005)이 그린, 근엄하면서도 온화함을 갖춘 표준 영정(현충사 소장)이 떠오른다. 하지만 이 영정은 충무공의 진짜 얼굴과는 전혀 무관한, 작가의 상상화에 불과하다.

공신뿐 아니라 양반 사대부의 초상을 화공이나 초상화사를 시켜 공식 또는 개별적으로 제작해 수많은 초상화를 남긴 조선은 초상화의 나라였다. 임진왜란 당시 목숨을 던

장우성이 그린 이순신 표준 영정.

여수 충민사 내부.
전남 여수시 소재

져 나라를 위기에서 구하고 선무공신宣武功臣 1등에 봉해진 충무공 역시
많은 초상화가 만들어졌을 게 분명하다. 민간에서도 장군의 서거 후 영정
이 다수 그려져 전해 내려온 사실을 여러 문헌을 통해 확인할 수 있다.

일제강점기까지만 해도 아산 현충사를 비롯해 통영 제승당制勝堂, 여
수 충민사忠愍祠, 여수 소재 장군의 영당인 해신당 등 네 곳 이상의 이순신
장군 사당에 오래된 초상화가 걸려 있었다고 파악된다. 그러나 일제강점
기를 거치면서 국외로 반출되거나 행방불명돼 모두 사라졌는데, 일제에
의해 의도적으로 훼손됐다는 이야기도 있다.

1960년대에 문교부(현 교육부)에서 이순신 진영眞影을 통일할 때 여수
해신당에 전해 내려온 이순신 장군 초상화가 가장 적합하다고 결정했다.

현존하는 영정 중 가장 오래된(조선 말기 제작)
〈충무공 이순신상〉.
동아대학교박물관 소장

조선 말 여수 군수를 지낸 오횡묵吳宏黙(?~?)이 영당에 제사를 올리면서 쓴 제문에 "당 머리에 영정을 모셔 놓았다. 임진란 후에 당을 앞바다에다 세워 놓으니 지나는 배들이 축원하고 갔다"라고 했다. 임진왜란 직후에 이순신 장군의 초상화가 모셔 졌음을 짐작케 한다. 문교부는 이를 제주 시장이던 김차봉이 여수경찰서 고등계 형사 재직 시절 가져갔다고 판단하고 연락해 확인했으나, 그는 골동품상에 팔았다고 진술했다.

여수 충민사에서도 이순신 장군의 전래 초상화가 존재했지만 사라졌다. 충민사는 1601년 왕명으로 세워졌으며 이순신 장군과 같은 배를 탔던 승군 출신의 옥형 스님이 사당 곁에 암자를 짓고 매년 제사를 지냈다는 일화가 있다. 《조선일보》 1929년 4월 17일 기사에는 충민사 영정의 사진과 함께 "충민사에 봉안한 영정을 찍은 것"이라는 설명이 덧붙었다.

경남 통영 한산도 제승당에 있던 초상화도 자취를 감췄다. 1928년 4월 28일자 《조선일보》는 제승당에 봉안된 진영을 누군가 가져갔으며 남은 그림은 모사가 잘 되지 못했다고 보도했다. 1928년 7월 5일자 《동아일보》에도 이와 동일한 영정이 나온다. 《충무공유적사진첩》이라는 책에 제승당에서 1606년부터 충무공 영정을 모셔 왔다고 기록돼 있다. 충남 아산 현충사에도 전래 초상화가 있었다고 알려져 있다. 아산 현충사 봉안 영정과 충민사 영정이 같다는 기록도 일부 남아 있다.

일제강점기 이후엔 유명 화가들이 여러 자료를 참고해 영정을 만들었다. 간송미술관 소장 〈한산 충무〉(1918)를 그린 안중식 화백은 영정을 그리기 위해 한산도를 직접 방문하기도 했다. 1932년 현충사를 중건할 때 초상화를 그린 청전 이상범 화백 역시 여수와 통영, 한산도 등지를 답사했다. 이 화백은 "충무공 영정을 물색했지만 신통한 것은 없었다. 할 수 없이 한산도 제승당 영정을 사본해 왔고 통영, 여수 등의 사당에 모신 영정도 몇 점 봤다"라며 당대 전래돼 오던 다양한 초상화를 대본으로 새롭게 그렸음을 털어놨다. 안 화백과 이 화백의 그림은 모본이 같아서인지 느낌이 비슷하다.

현존하는 영정 중 가장 오래됐다고 평가받는 동아대박물관 소장 〈충무공 이순신상〉은 살이 찌고 수염이 많은 전형적인 무인 얼굴이다. 동아대 정재환 초대 총장이 1958년 4월 16일에 구입했으며 판매자는 기록돼 있지 않다. 다만 판매자가 임진왜란 직후 이순신을 따라 종군했던 한 승려가 그렸다는 말을 전했다고 한다. 이 초상화는 조선 말엽에 모사된 것으로 추정된다.

당대 그와 함께 살았던 인물들의 인물평은 장군의 용모를 짐작할 수 있는 매우 유용한 자료다. 충무공과 어린 시절부터 남다른 친분을 유지한 서애西厓 유성룡柳成龍(1542~1607)은 "공의 얼굴은 아담하여 수양 근신하는 선비와 같지만 마음속에 담력이 있고 웃음이 적었다"라고 표현했다. 표준 영정의 얼굴이 떠오르는 평가다.

더 구체적인 언급도 있다. 삼가 현三嘉縣(경남 합천군)의 현령 고상안高尚顏(1553~1623)은 전란 중이던 1594년 한산도에서 개최된 수군 선발 시험에 참시관으로 참가하면서 보름가량 이순신의 진에 머물렀다. 고상안은 문집에서 "이순신 통제사와 함께 여러 날을 생활해 보았는데 말솜씨와 지혜는 난리를 평정할 만한 재주를 가졌지만 얼굴이 풍만하거나 후덕하지 못하고 관상으로 볼 때도 입술이 뒤집혀 복을 갖추지 못한 장수라고 생각했다"라고 표현했다. 이

충무공 이순신의 현손인 이봉상의 초상화. 이봉상의 풍모가 "얼굴이 야위었고 수양 근신하는 선비의 얼굴을 하고 있다"는 충무공에 대한 여러 기록에서의 묘사와 매우 흡사해 주목할 만하다. 일본 교토박물관 소장

순신 사후의 기록이어서 관상과 운명을 억지로 끼워 맞추려한 듯한 인상이 풍긴다. 서애와는 다른 인물평이지만 공통점이 있다. 얼굴에 살집이 많지 않다는 것이다.

이 둘의 묘사와 충무공의 현손(5대손)인 이봉상李鳳祥(1676~1728)의 현전하는 영정 속 풍모가 매우 비슷해 주목할 만하다. 이봉상은 이인좌의 난(1728) 때 반란군에 의해 피살됐는데, 반란군이 회유하자 "충무공의 후손으로 있을 수 없는 일"이라면서 기꺼이 죽음을 맞았다. 이봉상은 얼굴이 야위었으며 입술이 뒤집혀 있기도 하지만 그와 동시에 서애의 얘기대로 웃음이 적고 수양, 근신하는 선비의 얼굴이다.

경복궁 동물상에 숨은 비밀

조선왕조의 권위를 상징하는 경복궁은 관광객이 가장 많이 찾는 서울의 대표 명소다. 지금의 경복궁은 150여 년 전인 고종 4년(1867)에 지었다. 임진왜란 때 왜군이 불태운 경복궁을 다시 지으려는 노력은 선조 때부터 있었다. 그러나 전쟁 피해 복구가 더 시급하던 터라 불발로 끝났으며 이후 현종, 숙종, 영조, 익종, 헌종 대에도 시도했지만 역시 막대한 재정 부담으로 성사되지 못했다. 그러다 고종 2년(1865) 대원군이 시작한 중건 공사는 속전속결로 진행돼 불과 2년 7개월 만에 완료된다. 그리고 8개월 후인 고종 5년(1868) 7월 2일 270여 년 만에 창덕궁에서 경복궁으로의 역사적인 이어移御가 이뤄진다.

경복궁 재건 공사는 궁성宮城, 내전內殿, 외전外殿, 경회루慶會樓, 별전別殿, 행각行閣 순으로 진행됐다. 《경복궁 영건일기營建日記》에 따르면 재건에 동원된 인원은 공장工匠만 하루 1600명에 달했다고 한다.

경복궁 광화문 앞 해치상.
서울 종로구 소재

경복궁엔 다른 궁궐과 달리 돌조각상이 유난히 많다. 광화문 앞 한 쌍의 해치상 외에도 십이지신상·사신상, 각종 서수瑞獸(사악한 기운을 없애는 상스러운 동물)상 등 모두 102점의 동물상이 있다. 근정전에 쉰여섯 점, 경회루 스무 점, 영제교永濟橋 주변 여덟 점, 집옥재集玉齋와 광화문 일곱 점, 근정문勤政門 세 점, 아미산峨嵋山과 자경전慈慶殿 각 한 점이 배치되어 있다.

서수상은 해치를 비롯해 영제교 천록天祿, 경회루 기린麒麟 및 불가사리, 근정전 사자 등 형태도 다양하다. 《예기禮記》에서는 기린이 노루의 몸, 소의 꼬리, 뿔이 하나 있으며 인의를 품고 있는 동물이라고 했다. 천록도 생김새는 기린과 비슷하다. 우리나라에서 구전돼 온 불가사리는 몸에 털

경복궁 근정전, 근정전 월대와 다양한 동물 조각.
국보 223호, 서울 종로구 소재

이 있고 코가 길어 코끼리와 흡사하다.

영제교 천록상, 근정전 쌍사자상·계단 서수상 등은 임진왜란 이전에 조성되었다. 영조 대 실학자 유득공柳得恭(1749~1807)이 지은《춘성유기春城游記》라는 책에 궁의 남문(광화문) 안쪽 천록이 언급돼 있다. 영조 때 근정전 터에서 베풀어진 연회 장면을 그린〈영묘조구궐진작도英廟朝舊闕進爵圖〉에는 폐허 상태로 방치되던 근정전 일대의 현황이 나타나 있다. 그림에선 사자상과 계단 서수상만 보일 뿐 난간 석주와 엄지기둥 위에 조각된 동물상은 찾을 수 없다. 따라서 십이지신상·사신상, 나머지 서수상 등 대부분의 근정전 동물상은 중건 과정에서 새로 조각됐음을 알 수 있다.

그런데 이상한 점이 있다. 십이지신상이 순서대로 배열돼 있지 않으며 개와 돼지는 아예 빠져 있다. 경복궁은 정궁이며 그 가운데 위치한 근정전이 국왕 즉위식 등 대례大禮가 거행된 중요한 건물이라는 점을 감안할 때 동물상의 불규칙한 배치와 불완전한 구성은 큰 미스터리다. 이를 두고 일부에서는 당초 계획에는 없었다가 이후 근정전 건립 도중 갑작스럽게 추가되었다고 해석한다.

경복궁 중건 착수 다음 해 일어난 병인양요는 조선 왕실을 큰 충격에 빠뜨렸다. 갑작스런 국가적 위기로 인해 왕실을 수호하는 상징물의 필요성이 급하게 대두됐다. 대원군은 동물상이 신통력으로 외세로부터 왕실을 굳건히 지켜 주기를 바란 것이다.

실제 대원군은 미신을 신봉했다고 알려진다. 1886년 박제형朴齊炯(?~?)이 쓴《근세조선정감近世朝鮮政鑑》에는 "용맹과단한 대원군이 미신을 왕성하게 믿어 도읍을 충청남도 계룡산으로 옮기려고 했다"라고 적혀

경복궁 경회루와 불가사리상.
국보 224호, 서울 종로구 소재

있다.

한편 광화문 밖에 해치를 설치한 목적은 명확하다. 고종 7년(1870) 10월 7일 《승정원일기》에는 "대궐 문에 해치를 세워 한계를 정하는 것은 상위다. 조정 신하들은 그 안에서 말을 탈 수 없다"라고 적혀 있다. 해치부터는 임금의 수레만 들어갈 수 있다는 성역의 표식인 셈이다. 쌍해치상은 지금과 달리 광화문에서 상당한 거리를 두고 위치해 있었다.

그런데 동물상을 조각한 장인은 누굴까? 국어학자 이중화李重華(1881~1950)는 《경성기략京城記略》에서 "광화문 밖 쌍해치는 근세의 미술 대가 이세욱의 걸작"이라고 했다. 하지만 이세욱이라는 사람을 19세기 문헌에서 찾을 수 없다. 그 대신 이세옥의 행적에 관한 문헌 자료가 남아 있다. 따라서 '옥'과 '욱'을 혼동했다는 해석이 일각에서 제기된다. 이세욱이 그림을 그리는 화사畵師로 활동한 점을 고려할 때 돌을 직접 조각했다기보다는 도안을 그렸고 이 도안을 밑그림으로 조각을 새겼으리라 짐작된다. 근정전의 장인은 다른 사람이다. 〈근정전 영건도감〉 별단에 석수石手 책임자가 장성복이라고 기록돼 있다. 장성복은 다수의 왕릉 석물 제작에도 참가했다.

기울어 가는 국운을 되살리려고 무리수를 두면서까지 지은 경복궁. 그러나 경복궁이 궁궐로서 기능한 기간은 불과 30년이다. 1895년 명성황후가 시해되는 사건이 경복궁 안에서 일어났고, 이에 신변에 위협을 느낀 고종과 왕세자는 경복궁을 떠나 러시아 공사관으로 거처를 옮겼다. 이른바 '아관파천俄館播遷' 사건이다. 주인 잃은 경복궁의 운명처럼 조선도 그렇게 저물어 갔다.

도대체 추녀 끝에
무슨 짓을?

조선시대 대궐의 주요 전각은 오늘날 모습과 달리 청기와로 지붕을 덮었다. 중종 때 경복궁 경회루에 청기와를 얹는 것을 두고 논란이 불거지기도 했다. 임금이 청기와를 고집하자 대신들이 반발하고 나선 것이다. 중종 15년(1520) 실록에 "삼공(삼정승)이 '공역이 매우 클 뿐만 아니라 흉년이 든 때에 청기와 굽는 역사를 진행한다면 그 폐단이 작지 않을 것'이라며 반대했다"라고 기술돼 있다. 하지만 임금의 의지는 단호했다.

중종은 "근정전은 모두 청기와로 이었다. 중국 사신들이 경회루는 장엄하고 화려하다고들 한다. 해당 관청에서 경회루를 수리하겠다고 하니 청기와로 고치는 게 마땅하지 않겠는가"라고 목소리를 높였다. 왕비의 침전인 교태전交泰殿에서는 용 그림이 새겨진 청기와가 발굴되기도 했다. 청기와는 국립고궁박물관에 소장돼 있다.

최근 전통 한옥이 인기를 끌면서 건축 부재로 기와도 각광을 받고 있다. 그러나 빗물을 막는 기능적 용도가 전부다. 칙칙한 짙은 회색에 민무늬라

청자 양각 모란 무늬 수막새.
국립중앙박물관 소장

《단원풍속도첩》중〈기와 이기〉.
보물 527호, 국립중앙박물관 소장

는 이미지 이상이 떠오르지 않는다. 우리 조상들은 달랐다. 단순한 기와에도 당대 사람들의 가치관과 삶의 방식을 투영시켰고 최고 수준의 예술혼을 불어넣었다. 기와 문양의 독보적 조형미는 현대 디자인 소재로도 전혀 손색이 없다.

지붕의 방수, 방화, 내구성에 건물 경관을 목적으로 고안된 기와는 지금으로부터 3000년 전 중국 주나라 초기부터 제작되기 시작해 우리나라에는 기원전 2세기쯤 들어왔다고 알려져 있다.

기와는 크게 수키와와 암키와로 나뉜다. 수키와는 반원통형, 암키와는 사각형 기와를 말한다. 흔히 처마 끝에 설치하는 기와를 '막새'라고 하는데 여기에 각종 무늬가 장식된다. 수키와 막새는 '수막새', 암키와 막새는 '암막새'라고 부른다.

우리 기와는 고대부터 근대에 이르기까지 2000년의 세월 동안 시대와 지역에 따라 다양한 형식으로 변화했다. 무늬의 종류로는 식물, 동물, 산수, 문자, 기하, 인물 등이 있다. 식물 문양 중에서는 전 시대에 걸쳐 연꽃무늬가 큰 비중을 차지한다. 연꽃은 더러운 물에서 꽃을 피워 정토세계를 의미하며, 아침에 만개하고 저녁에 꽃이 져 재생의 상징으로 여겨졌다. 꽃과 열매가 함께 열려 자손 잉태라는 의미도 지녔다. 연꽃무늬는 통일신라시대 때 제일 유행했다. 천상계의 꽃인 만다라화曼陀羅華를 상징하는 보상화寶相花도 흔한 소재였다. 사산조 페르시아에서 전래됐지만 8세기 중엽부터 독창적으로 발전했다. 모란은 부귀화로 일컬어졌고, 당초(넝쿨)는 장생長生의 뜻이 담겼다.

동물무늬는 복을 비는 길상과 악귀를 쫓거나 화재를 막는 벽사辟邪 용도로 새겼다. 용은 왕권, 수신水神, 호불·호국, 벽사·길상 등을 목적으로 사용됐다. 우리나라는 계두형鷄頭形, 사두형蛇頭形, 수형獸形, 귀형龜形, 어룡형魚龍形 등 중국과 다른 용문을 만들어 냈다. 외뿔에 몸은 사슴, 꼬리는 소, 머리는 이리, 발은 말의 모습

통일신라시대에는 기와무늬가 다양하게 발전했다. 각종 무늬의 통일신라 기와.
국립중앙박물관, 국립경주박물관 소장

인면문원와당人面文圓瓦當.
'천년의 미소'라 불리는 얼굴무늬 수막새.
일제강점기 경주 영묘사 터에서 출토된 것으로
알려져 있다. 국립경주박물관 소장

녹유귀면와綠釉鬼面瓦.
신라 동궁東宮이 있던 경주 월지(안압지)에서
발굴되었다. 안정적 구도와 역동적 표현의
문양에 녹색의 유약이 발라져 있어 당시 궁궐의
화려함을 엿볼 수 있다. 국립경주박물관 소장

을 하고 있는 기린은 어진 성인이 나타나 세상이 태평해질 것을 예고하기 위해 출현하는 동물로 여겨졌다. 왕권을 상징하는 봉황문은 궁궐터에서 발견된다. 봉황은 또 영혼의 전달자이기도 해 망자의 영혼의 승천과 추복을 기원하기 위해 사찰에서도 자주 애용됐다.

벽사와 수호의 성격을 지닌 귀신무늬는 대부분 부리부리한 큰 눈에 날카로운 이빨을 드러내고 위협하는 형태다. 경주 월지(안압지)에서 발견된 통일신라시대 녹유귀면문 마루기와는 강렬하고 무서운 귀신 이미지를 잘 표현한 수작이다.

불교 경전에 등장하는 상상의 새 가릉빈가迦陵頻伽도 종종 볼 수 있다. 머리와 팔만 사람 형상을 한 극락정토의 새로, 극락왕생을 염원하는 마음을 반영했다. 사자는 불법佛法의 수호자로 신성시됐고 물고기는 입신출세, 자손번창을 의미했다.

산수 조각을 통해 자연과의 동화를 바라기도 했다. 부여 외리 사지 출토 백제 산수문전과 산수봉황문전은 한 폭의 아름다운 산수화 같다.

우리 조상들은 사람의 얼굴, 부처, 보살, 신선 등 인물무늬도 기와에 많이 썼다. 부처님의 세계를 지키는 신장神將을 묘사한 녹유신장벽전은 정교하면서 화려한 갑옷 문양이 일품이다. 경주 영묘사 터에서 나온 인면문원와당은 수줍은 듯 해사한 미소를 머금은 표현이 탁월한 수작이다. '천년의 미소'라 불리며 한국을 대표하는 문양으로 각광을 받는 기와다.

기와는 비색 청자로도 구워졌다. 강진에서 출토된 청자당초문 기와, 청자모란문 수막새, 청자모란문 수키와는 청자가 꽃을 피운 12세기에 제작된 것으로 추정되며 조각과 색깔이 청자 도자기를 보듯 매우 고급스럽다. 각종 문양을 새긴 기와로 지은 집은 얼마나 아름다웠을까? 추녀 끝에 화룡점정을 찍은 우리 조상들의 예술혼이 놀라울 따름이다.

남한산성 내 '1000호' 인구는 어디로 갔나?

병자호란 때 인조가 청의 13만 대군에 맞서 결전을 벌인 장소로 잘 알려진 남한산성은 당시만 하더라도 광주 관아가 있던 곳이다. 인조는 유사시 산성 마을이 임시 수도 역할을 하고 적으로부터 방어할 수 있도록 고을의 격을 목에서 종2품이 다스리는 유수부留守府로 승격시켰다. 광주 유수는 도의 우두머리인 관찰사와 동급이다. 또한 신역身役과 전세田稅를 면제해주고 인근 인구를 산성 마을로 이주시켰다. 그 결과 18세기 후반에 편찬된 《여지도서輿地圖書》에 따르면 산성 내에는 1076호에 4108명(남자 2200명, 여자 1908명)이 거주하기에 이르렀다.

그러나 구한말 의병들의 활동이 남한산성을 중심으로 펼쳐지자 일제는 1917년 광주군청을 경안京安으로 옮겼고, 300여 년간 군사행정의 중심지이던 산성 마을도 쇠락의 길을 걷는다. 점차 많은 주민이 서울과 광주 등지로 떠나고 결국 한국전쟁을 전후한 시기 70~80여 호로 줄어 산촌

남한산성.
경기 광주시 소재

벽지로 전락했다. 1974년 산성을 동서로 관통해 성남으로 이어지는 도로
가 개설돼 관광지가 되면서 무허가 음식점이 늘어나는 등의 결과를 가져
왔다.

　일각에서 산성 내 주민 1000호를 소개疏開시킨 뒤 서울 강동구 천호
동으로 이주시켜서 천호동이라는 명칭이 생겼다고 주장하지만 전혀 근
거가 없는 얘기다. 천호동의 지명은 원래 곡교리曲橋里였고, 1963년 서울
로 편입되면서 '1000호가 살 만한 지역'이라는 풍수지리설에 근거해 붙
여졌다.

　사적 제57호인 남한산성은 성의 바깥쪽이 가파른 반면 내부는 넓고
평탄하며, 수량이 풍부해 예로부터 '천작지성天作之城(하늘이 쌓은 성)'으로 불

릴 만큼 천혜의 입지 요건을 갖췄다.

또한 신라시대 축성된 이래 단 한 번도 함락된 적이 없는 난공불락難攻不落의 성이다. 세계 최강의 몽골군도 남한산성 앞에서는 맥을 못 췄다. 1231년 8월 고려를 침공한 몽골군은 파죽지세로 남하해 연말에 남한산성에 이르지만 광주 부사 이세화李世華(?~1238)와 군민의 완강한 저항에 부딪혀 큰 타격을 입었다. 결국 남한산성을 우회해 남진하다가 용인의 처인성處仁城에서 살리타이薩里台(?~1232)마저 전사하자 이듬해 1월 요동으로 철수했다. 고려 말인 1361년(공민왕 10)에 홍건적이 침입했을 때도 피난민 모두 남한산성으로 피신했다.

병자호란 때도 마찬가지다. 인조와 신하들은 성이 함락당해 항복한 게 아니라 제 발로 성 밖으로 걸어 나가 청나라 황제에게 무릎을 꿇었다.

남한산성은 고려와 조선시대까지만 해도 백제 온조왕이 세운 왕도로 여겨졌다. 《삼국사기》〈온조왕〉조에 "낙랑과 말갈의 침공을 피해 한산 아래 성책을 세워 위례성의 민호를 옮겼다"라는 기록을 근거로 한 것이다. 《조선왕조실록》, 《신증동국여지승람》, 《대동지지大東地志》, 《연려실기술》 등 많은 책이 그렇게 표현했다. 실제 2001년부터 2002년까지 토지박물관이 실시한 행궁 터 서측 곡간부 발굴 조사에서 백제의 유적으로 보이는 수혈과 화덕 자리, 토기 편 들이 출토돼 백제 때 사람이 살았음을 추측할 수 있다. 그러나 대대적인 시설이 발견되지 않아 도읍으로 단정 짓기엔 곤란하다. 대신 몽촌토성에서 수많은 백제 유물이 발견되면서 학계에서는 이곳을 도읍으로 추정하는 추세다.

《삼국사기》〈문무왕〉 12년조에 "한산주漢山州에 주장성晝長城을 쌓았

1909년에 촬영한 남한산성 내 전경.

남한산성 수어장대守禦將臺.

일제강점기 남한산성 행궁.

복원된 행궁 일원.

는데 둘레가 4360보다"라고 기술된 것이 남한산성 축성과 관련한 최초의 기록이다. 이를 증명할 신라의 성곽과 건물터 등이 다량 출토되고 있다. 이 시기 당나라 병력 4만 명이 평양에 주둔하면서 신라를 침범하려고 하자 신라는 이에 대비하기 위해 주장성을 세웠다.

조선에 들어 인조 대에 남한산성 보수가 본격적으로 시작됐다. 후금과의 긴장이 고조되는 가운데 이괄李适의 난(1624)으로 왕이 공주로 파천하는 사태가 발생하면서 유사시 왕의 피난처로 남한산성이 크게 중요해졌다. 공사는 인조 2년(1624)부터 인조 4년(1626)까지 진행됐다. 이후 지속적으로 수리를 해 현재의 성곽 길이는 7545미터, 옹성 다섯 곳을 합하면 8888미터다. 면적은 213만 5752제곱미터(62만 7200평)다.

행궁은 왕이 침전으로 사용하던 상궐上闕 73칸, 하궐下闕 154칸 등 모두 227칸 규모다. 발굴 조사를 통해 숙종 대에는 상궐 북쪽 담장 넘어 왕의 위패를 모시는 종묘 터가 구비됐던 것으로 밝혀졌다. 군사를 지휘하는 장대도 동서남북 각방에 하나씩 건설됐다. 서장대는 병자호란 때 인조가 친히 군사를 지휘하던 곳이다. 그 후 1751년 이기진李箕鎭(1687~1755)이 영조의 명을 받아 2층 누각을 건립하고 수어장대守禦將臺라고 했다. 지금의 수어장대 건물은 1896년 유수留守 박기수朴綺壽가 재건한 것이다. 온조왕 제사를 지내던 숭렬전崇烈殿, 병자호란 때 심양에 끌려가 충절을 지키다가 순국한 삼학사(오달제吳達濟, 윤집尹集, 홍익한洪翼漢)의 위패를 모신 현절사顯節祠, 군사들이 무술을 연마하던 연무관演武館 등도 갖춰졌다. 특이한 것은 한흥사漢興寺와 국청사國淸寺 등 사찰 아홉 곳도 창건돼 불교문화를 꽃피웠다는 점이다. 남한산성을 축성하고 보수할 때 많은 승려가 투입됐다.

승려들은 승군으로 편성돼 성을 지키는 역할도 맡았다. 성문은 동서남북 4대문이 있으며 규모는 남문이 가장 크고 그 다음으로 북문, 동문, 서문 순이다. 이들을 포함해 성내 시설물은 총 200점에 달한다. 성곽과 건물은 1960년대 이후 정비돼 왔고 1998년부터 행궁 일대와 2.5킬로미터 이상의 성벽 내지 옹성을 보수했다.

한편 임진왜란을 당했으면서도 병자호란 당시 조선은 국제 정세에 어두웠고 사전 대비도 없이 무모하게 청에 맞섰다. 청의 압박에 조선이 대항하자 인조 14년(1636) 12월 9일 청 태종은 대군을 이끌고 압록강을 건너 조선을 침공해 병자호란을 일으켰다. 청군 선발대는 큰 저항 없이 14일 개성을 통과하고 서울 불광동으로 진입했다. 왕자들은 즉각 강화도로 피난했지만 인조는 강화도를 포기하고 남한산성으로 피신했다. 청군은 16일 남한산성에 당도해 산성 밑 탄천에 포진했다. 이후 전국 각지에서 구원병이 출병했으나 모두 남한산성에 도착하기도 전에 궤멸됐다. 경기·호남 등지에서 의병도 일어났으나 전세에는 전혀 도움이 되지 못했다. 주전파와 주화파는 성안에 숨어 논쟁만 벌였다. 1월 26일 청의 장수가 강화에서 포로가 된 왕자를 대면시키자 더 이상 버틸 힘을 상실했다. 남문으로 들어온 지 47일 만인 1월 30일 인조는 서문을 통해 삼전도로 나가 항복했다.

남한산성은 유네스코 세계유산으로 등재됐다. 그런데 아이러니하게도 남한산성이 비상시 왕궁이었고 삼전도의 굴욕이라는 역사적 아픔을 겪었다는 점이 세계유산으로 가치를 평가받는 데 결정적 역할을 했다는 후문이다. 치욕의 역사도 분명한 역사임이 입증된 셈이다.

서울의 나이는 600살?

태조 이성계의 한양 천도는 시쳇말로 번갯불에 콩 구워 먹듯 단행됐다. 1392년 7월 17일 고려왕조의 별궁 수창궁壽昌宮에서 즉위한 태조는 8월 13일 도평의사사都評議使司(국가 최고 정무기구)에 명해 신도(한양)로 도읍을 옮기게 했다. 그리고 2년 뒤인 1394년 8월 12일 재상들의 반대를 무릅쓰고 전격적으로 한양으로 행차했다. '정도定都 600년'이라고 말할 때 기준으로 삼는 해다.

행차 다음 날 태조가 새 도읍지를 둘러보며 만족스러운 듯 신하들에게 "여기가 어떠냐"라고 묻자 윤신달尹莘達이 "우리나라에서 송경松京(황해도 개성 왕궁 부근)만 한 데가 없지만 그 다음으로 괜찮은 것 같다"라고 아뢰었다. 새 도읍지로 한양을 태조에게 추천한 왕사 자초自超(무학대사, 1327~1405)는 "사면이 높고 수려하며 중앙이 편평해 성을 쌓아 도읍을 정할 만하다"라고 했다. 그러나 하윤河崙(1347~1416)이 홀로 "산세는 비록 볼 만하지만 풍수가 좋지 못하다"라며 반대했다. 태조는 이에 "조운하는 배가 통하고 도로가 고르니 백성들에게 편리하다"라며 불편한 내색을 했다. 궁궐이 채 지어지지 않아 일행은 노원역 들판에서 유숙했다고 실록은 기록했다.

무학대사 영정.
경남 함양군 용추사 소장

흔히 서울의 역사가 600년이라고 한다. 1994년에 정도 600주년을 맞았고 그 뒤로 20년이 더 흘렀으니 올해로 620살이 된 걸까? 그 이전에는 서울에 사람이 살지 않았을까?

백제를 세운 온조가 기원전 18년 하남위례성(현재 송파구 풍납동)에 도읍을 정했다고 《삼국사기》에 쓰여 있다. 그 뒤 고구려에 밀려 웅진으로 수도를 옮기기까지 하남위례성은 500년간 백제의 도읍이었다. 그렇지만 이곳이 행정구역상 서울로 편입된 것은 1963년이다. 하남위례성을 서울의 역사에 포함시키기는 무리다.

사실 삼국시대까지만 해도 서울(사대문안)은 사람 살 곳이 못 됐다. 고구려, 신라, 백제는 한강 유역을 놓고 서로 뺏고 빼기는 각축전을 펼쳤다. 국경이 맞닿아 있어 언제 전쟁터로 바뀔지 모르는 불안감이 감도는 땅이

북한산 신라 진흥왕 순수비.
신라 진흥왕이 한강 유역을 영토로
편입한 뒤 이 지역을 방문한 것을
기념해 세운 비석. 국보 3호.
국립중앙박물관 소장

고려시대 숙종을 비롯한 여러 왕들이 한양 천도를
추진했다. 개혁 군주인 공민왕도 천도 의지를 보였으나
성사시키지 못했다. 공민왕과 부인인 노국공주 영정은
조선을 건국한 태조 이성계가 종묘에 봉안했으며
임진왜란으로 불탄 것을 광해군 때 이모했다.
국립고궁박물관 소장

었다. 고구려 아차산성과 북한산의 신라 진흥왕 순수비가 서울에 함께 있
다. 오늘날 비무장지대(DMZ)와 같은 곳에 도시는커녕 마을이 형성돼 성장
한다는 것은 상상하기 힘들다. 따라서 고려가 삼국을 통일하고 전쟁이라
는 위험 요소가 해소되면서 사람들이 모여들었으리라 짐작할 수 있다. 고
려의 체제가 안정화되면서 전형적인 배산임수에다 빼어난 풍광을 갖고
있는 서울이 그 가치를 발하기 시작했다.

고려는 성종 2년(983) 중앙집권제를 확립하기 위해 전국 주요 지역에 12목을 설치하는데 여기에 양주목을 포함시켰다. 그러다 문종 21년(1067)에는 고려 3경 중 하나인 남경南京(지금의 서울)을 양주 권역에 설치하기에 이른다. 이어 숙종이 남경으로의 수도 이전을 꿈꾸고 1099년 남경을 시찰한 데 이어 1101년에는 구체적으로 남경 궁궐을 건설하기 위한 '남경개창도감'을 설치했다. 《고려사》에 따르면 2년 8개월의 대공사 끝에 1104년 궁궐이 완공되자 숙종은 궁궐의 중심 전각인 연흥전延興殿에서 백관의 축하를 받았다. 이후 예종睿宗(재위 1105~1146)과 인종(재위 1122~1146), 의종 등 여러 왕이 남경으로 행차했고 공민왕과 우왕도 천도 의지를 비쳤으나 정치적 혼란기 속에 결국 성사되지 못했다.

남경의 정확한 위치는 어디일까? 매우 다행스럽게 《고려사》와 《조선왕조실록》에 대략 위치를 추정할 수 있는 단서가 있다.

《고려사》〈숙종〉 7년(1102)조는 "산수의 형세에 따라 동으로 대봉大峰, 남으로 사리沙里, 서로 기봉岐峰, 북으로 면악面嶽까지 경계를 삼는다"라고 했다. 면악은 북악의 다른 이름이다. 기봉은 인왕산으로 볼 수 있지만 나머지 두 곳은 명확치 않다. 태조 3년(1394) 《조선왕조실록》은 좀 더 구체적이다. "전조의 숙왕(숙종) 시대에 경영하던 궁궐터가 너무 좁아 그 남쪽에 새 궁궐터를 삼고 동쪽으로 2리(800미터)쯤에 종묘의 터를 정했다." 이 둘을 종합할 때 남경궁터는 인왕산과 송현(지금의 서울 종로구 정독도서관) 사이 분지 안이면서 경복궁 서북쪽 어디쯤으로 짐작된다. 태조는 전 왕조의 남궁터를 재활용한 것이다. 이 지역에서 고려시대 유물도 모습을 드러냈다. 유물은 기와가 주종을 이루지만, 최고급 청자 파편도 포함돼 있다.

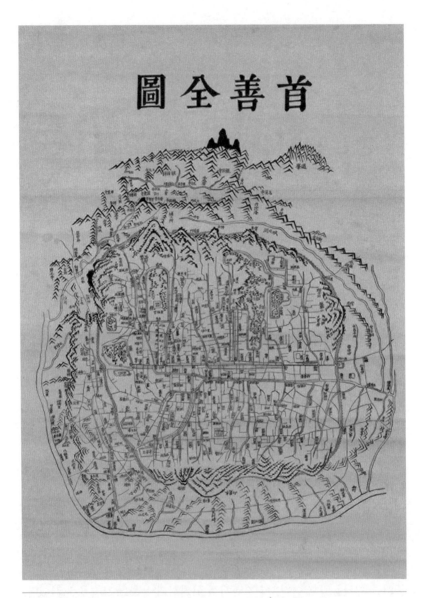

〈수선전도首善全圖〉.
김정호가 제작했다고 알려져 있고, 수선은 수도를 말한다. 국립중앙박물관 소장

일부 시설은 그대로 사용했을 가능성도 있다. 태조가 한양을 못마땅해 하는 하윤에게 도로가 고르다는 점을 도읍지로 적절한 이유 중 하나로 거론한 것으로 미뤄 이미 고려 때부터 도로가 발달한 듯하다. 조선만큼은 아닐지언정 서울은 고려 때에도 충분히 활력이 넘치는 도시였다.

그렇다면 서울의 역사는 620년이 아니라 1104년 남경궁을 완성한 해를 기점으로 910년이 된다고 할 수 있다. 약 1000년의 역사를 오롯이 간직하고 있는 서울은 현재는 물론 앞으로도 대한민국에서 가장 경쟁력 있는 도시다.

서울 **시장**보다 막강한 **한성** 판윤

서울 시장은 '전국 단체장의 꽃'으로 불린다. 한해 25조 원의 예산을 주무르고 5만여 공무원의 임명·해면권을 쥐고 있는 수도 서울의 최고 의사결정권자다. 경제, 도시계획, 복지, 교육, 문화, 심지어 외교까지 서울 시장의 영향력이 미치지 않는 분야는 드물다. 국방력만 제외하고는 모든 권한을 갖고 있다는 우스갯소리까지 있을 만큼 권한이 실로 막강하다.

조선시대 한성의 수장이던 판윤判尹은 어땠을까? 한성 판윤은 6조판서와 동등한 정2품의 경관직(중앙관직)으로 종2품 외관직(지방관직)인 각 도의 관찰사觀察使(지금의 도지사와 광역시장)보다 직위가 높았다. 한성부가 부府의 하나였지만 부윤府尹과 구별해 판윤이라 호칭해 특정 지역을 관할하는 직책 그 이상의 의미를 부여하기도 했다.

실제 판윤은 의정부 좌·우참찬, 6조판서와 함께 아홉 대신을 뜻하는 9경卿에 포함되는 중요한 자리였다. 궁궐과 중앙관서를 호위하고 도성 치

안을 담당해 매일 편전에서 국
왕과 정사를 논하는 상참常參에
참여했다. 지금의 행정부시장
격인 종2품 좌윤과 우윤이 보좌
했고 대체로 판서나 참찬 등 정
2품을 지낸 인물이 임명됐다.
'정승이 되기 전 반드시 거쳐야
하는 벼슬'로 인식되면서 이를
차지하기 위해 붕당 간 경쟁도
치열했다.

황희 초상.
국립중앙박물관 소장

한성부 청사가 광화문 앞
육조 거리의 핵심 지역에 위치
한 점을 보더라도 높은 위상을
짐작할 수 있다. 북악-경복궁 근정전-광화문-육조 거리로 이어지는 도성
의 중심축에서 한성부 청사는 의정부와 이조 다음에 배치됐다.

서울의 명칭은 처음엔 한양부였다가 태조 4년(1395) 한성부로 변경돼
515년간 쓰이다가 1910년 경술국치 후 경성부로 바뀌었다. 한성부를 다
스리는 벼슬아치의 명칭은 판한성 부사로 시작해 한성 부윤, 한성 판윤,
관찰사, 다시 한성 판윤으로 변했다. 예종 원년인 1469년 한성 판윤으로
바뀌어 일제에 병합될 때까지 430년간 사용되면서 한성 판윤은 서울 수
장의 대명사로 인식돼 왔다.

초대 한성 판윤은 이성계의 오랜 벗인 성석린成石璘(1338~1423)이었

고, 조선 515년간 1390대에 걸쳐 1100여 명이 배출됐다. 명재상 황희와 맹사성孟思誠(1360~1438), 명문장가 서거정徐居正(1420~1488), 행주대첩의 명장 권율權慄(1537~1599), 한음漢陰 이덕형李德馨(1561~1613), 암행어사 박문수朴文秀(1691~1756), 실학자 박세당朴世堂(1629~1703), 개화사상의 선구자 박규수朴珪壽(1807~1877), 종두법을 보급한 지석영池錫永(1855~1935), 을사조약이 체결되자 자결한 민영환閔泳煥(1861~1905) 등이 대표적이다.

한성 판윤을 열 명 이상 배출한 가문은 전주 이씨, 여흥 민씨, 달성 서씨, 파평 윤씨 등 모두 스물다섯 가문이다. 전주 이씨에서는 마흔세 명, 여흥 민씨에서는 서른다섯 명이 나왔다. 한성 판윤을 가장 많이 역임한 인물은 이가우李嘉愚(1783~1852)로 헌종부터 철종까지 13년 동안 무려 열 차례나 지내 '판윤대감'이라 불렸다.

최단 기간 한성 판윤은 김좌근金左根(1797~1869)으로, 임명된 날(철종 즉위년·1849) 오후에 최다 판윤을 지낸 이가우가 새로 임명되면서 반나절 만에 옷을 벗었다. 고종 대에 이기세, 한성근, 임웅준도 하루 만에 교체됐다. 판윤대감 이가우 역시 총 재임 기간은 1년 3개월에 불과하다.

영조 때 병조판서를 지낸 풍산 홍씨 상한과 그의 아들 낙성, 손자 의모가 3대에 걸쳐, 숙종 때 영의정을 지낸 달성 서씨 종태와 두 아들 명균과 명빈은 삼부자가 한성 판윤을 각각 지냈다.

정조 14년(1790) 12월 한성 판윤 구익은 창경궁 정문인 홍화문 밖 국왕 거둥길의 눈을 치우지 않아 파직되기도 했다. 그는 그러나 3개월 뒤에 한성 판윤에 다시 임명됐다. 일제강점기에 경성부로 격하된 서울의 수장은 경성 부윤으로 스물두 명의 경성 부윤은 대부분 일본인이었다. 해방

이덕형 초상.
개인 소장

박문수 초상.
보물 1189-1호, 천안박물관 소장

후 서울시로 변경된 뒤로는 관선 시장 스물아홉 명과 민선 시장 다섯 명
이 서울의 수장을 맡았다.

　　도시계획·건설은 오늘날 서울 시장과 마찬가지로 한성 판윤의 중요
한 업무였다. 초대 한성 판윤 성석린은 경복궁을 신축하고 도성을 축조하
면서 도시 기반을 다졌으며, 홍계희洪啓禧(1703~1771)는 영조 36년(1760) 대
대적인 청계천 준설로 서울 주배수로의 기능을 회복시켰다. 이채연李采淵
(1861~1900)은 광무 2년(1898) 간선도로를 확장하고 도로 위의 쓰레기와 진
흙탕을 정비해 근대적 도시 건설의 기초를 다졌다.

　　조선시대 한성 판윤은 오늘날 서울 시장과 달리 형사사건도 담당했

조세걸曺世杰(1635~?)이 그린 박세당 초상.

종두법을 보급한 지석영.

다. 살인·강도 등의 중죄인은 중앙의 형조가 구속해 죄를 다스리게 하되 절도·간통·친족 간 불화·구타·욕설 등 상대적으로 가벼운 범죄는 지방수령이 처리할 수 있었지만 한성부는 형조와 사실상 동등한 힘을 가졌다. 일례로, 단종 즉위년(1452) 8월 서울 근교 미사리에서 어린이를 유기한 사건이 발생하자 임금은 한성부에서 범인을 국문하라고 지시했다. 태종 4년(1404) 사노 실구지 형제와 박질이 상전인 내은이라는 여성을 강간한 사건도 한성부에서 맡아 자백을 받아 낸 뒤 능지처사陵遲處死했다고 실록은 썼다.

　한성부는 사법기관으로서 제반 소송과 재판에 관한 사무도 관장했는데 중앙에 소재한 세 곳의 사법행정 기관인 삼법사에 형조, 사헌부와 함

께 한성부도 포함됐다. 특히 논밭과 가옥을 둘러싼 법적 다툼이나 묘지에
관한 산송, 시체 검시 등의 업무는 한성부가 전국을 관장했다. 한성 판윤
은 오늘날 서울 시장을 능가하는 권력을 갖고 있었다.

조선 고종의 친할아버지는 평민이었다?

1868년(고종 5) 4월 18일 오전 11시께 충남 당진 행담도 앞바다에 정체불명의 괴선박 한 척이 나타났다. 총과 창칼로 무장한 군인 100여 명이 작은 배를 타고 상륙한 뒤 해안의 관아를 습격해 무기를 빼앗고 건물을 마구 파괴했다. 그들은 스스로를 '러시아 군대'라고 밝히고는 마을에서 괭이와 호미 등의 연장을 탈취해 갔다.

이들은 어둠을 틈타 서남쪽으로 80리(약 30킬로미터) 떨어진 충남 덕산군(예산군)으로 옮겨 그곳에 있던 무덤을 파헤치기 시작했다. 덕산 군수가 묘지기와 백성을 동원해 맞서려고 했지만 그들은 총칼을 휘두르며 접근을 막았다. 그리고 날이 밝아 마을 사람들이 몰려오고 썰물 시간이 되자 다 파낸 무덤의 관을 그대로 놔둔 채 서둘러 도주했다.

국제적 도굴 사건으로도 비화된 독일 상인 오페르트Ernst Jacob Oppert(1832~?)의 '남연군南延君 무덤 도굴 사건'이다. 남연군 이구李球

274

남연군 묘.
충남 예산군 소재

(1788~1836)는 구한말 무소불위의 권력을 휘두른 대원군 이하응李昰應
(1820~1898)의 친아버지이자 조선 26대 왕 고종의 친할아버지다.

오페르트는 1866년 두 차례에 걸친 통상 요구를 거부당하자 중국
상하이에서 배를 빌려 이런 만행을 자행했다. 당시 관찰사 민치상閔致庠
(1825~1888)이 즉각 군관 100여 명을 출동시켜 이들을 추적했으나 찾지 못
했다. 사건은 국내뿐만 아니라 상하이에 있던 외국인에게까지 알려져 파
장이 커졌고 연루자가 피고인으로 기소됐으나 증거불충분을 이유로 석방
됐다. 이에 크게 분노한 대원군은 천주교도들이 범인과 내통했다고 여겼
다. 비록 미수에 그쳤지만 대원군의 쇄국정책과 천주교 탄압을 더욱 강화

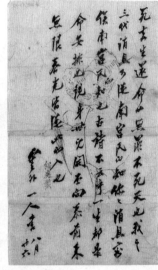
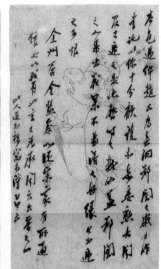

흥선대원군의 간찰.
고종의 아버지인 흥선대원군 이하응이 작성한 편지로 종이에 붓글씨로 썼으며, 서체가 추사의 영향을
받은 추사체풍이다. 국립중앙박물관 소장

하는 계기를 만들면서 조선 말기 정치사적으로 매우 중요한 의미를 가지
는 사건이다.

한편 '군君'은 왕자 또는 왕족에게 붙이는 호칭인데, 남연군은 왕족의
먼 후손이었을 뿐 왕족은 아니었다. 그는 어떤 연유로 왕족 신분을 갖게
됐을까?

남연군은 인조의 셋째 아들인 인평대군麟坪大君(1622~1658)의 6대손
이병원李秉源의 둘째 아들로 태어났다. 인평대군에게는 네 아들, 복녕군福
寧君·복창군福昌君·복선군福善君·복평군福平君이 있었는데 남연군의 가계

전성기의 흥선대원군.

대원군 척화비.
척화비란 쇄국정책을 실시하던 흥선대원군이
서울 및 전국의 중요 도로변에 세운 비다. 충남
홍성군 소재

는 장남인 복녕군의 후손이다.

복녕군이 일찍 요절해 그의 가문은 숙종 때 '삼복의 변(정승 허적許積의
서자 허견이 복창군, 복선군, 복평군 3형제와 역모를 꾸민다는 고변이 접수되면서 발생한 사건)'
에는 연루되지 않아 몰락하지 않았지만 왕족으로서의 예우는 복녕군의
손자인 안흥군의 대에서 끊겼다. 할아버지 이진익李鎭翼과 아버지 이병원
은 평민 신분이었고, 특히 생부 이병원은 관직도 없이 세상을 떠났다.

남연군은 이병원의 둘째 아들로 원래 이름은 채중棌重이었다. 구차하
게 살 수밖에 없던 그의 인생과 가문에 서광이 비추기 시작한 것은 스물

여덟 살이던 순조 15년(1815) 때부터였다. 후손이 없던 은신군恩信君(사도세자의 서자)의 봉사손奉祀孫(조상의 제사를 맡아 받드는 자손)에 입적되면서 왕족 신분을 얻게 되고 남연군에 봉해진 것이다. 이름도 종친에 걸맞게 구球로 개명했다. 조선시대에는 양자도 엄연한 아들이었지만 남연군은 남은 유산도 없이, 그야말로 껍데기뿐인 신분 상승이었다. 그는 왕릉을 관리하는 수원관守園官, 수릉관守陵官 등 말단 벼슬을 전전하면서 불우하게 보내다가 마흔아홉 되던 해 병에 걸려 죽었다.

한편 한학을 조금 하는 수준에 불과했지만 자식 교육에는 남다른 집착을 보였다. 스승을 모실 능력이 안 돼 직접 아이들을 교육하면서도 네 아들 가운데 막내(이하응)의 재주가 비상함을 간파했다.

그리고 그에겐 왕족의 양자라는 위치의 이점도 있었다. 양어머니이자 은신군의 부인 남양 홍씨가 추사秋史 김정희金正喜(1786~1856)의 어머니 남양 홍씨(김정희도 큰아버지에게 입양돼 실제는 큰어머니)와 자매 지간이다. 남연군이 법적으로 김정희와 이종사촌이 된 것이다. 이 인연으로 그는 이하응을 김정희 문하에 보내 글을 배우게 하고 당대 세력가들과 인맥을 쌓게 했다. 이를 계기로 이하응은 안동 김씨의 세도정치 아래서 무뢰한들과 어울려 파락호破落戶 생활을 하면서도 반대 세력인 풍양 조씨를 활용하는 뛰어난 정치력으로 권력을 쟁취하는 데 성공한다.

남연군의 무덤은 애초 경기도 연천에 있었으나 풍수지리설을 신봉한 이하응이 2대에 걸쳐 천자天子가 나올 것이라는 지관의 말에 따라 1844년 이곳으로 이장했다. 원래 가야사伽倻寺라는 절이 있었고 무덤 자리에도 탑이 서 있었지만 절에 불을 지르고 탑을 부순 후 부친의 묘를 썼다.

이런 일이 있고서 7년 후 이하응은 차남 명복을 얻었는데 이가 바로 후일 철종의 뒤를 이어 12세에 왕위에 오른 고종이다. 가문을 일으킨 사람은 대원군이지만 출발점은 다름 아닌 아버지 남연군이었다.

외국인이 **본**
조선의 민낯

나라 사람들의 절반은 노비고 일부 양반은 노비를 2000~3000명 거느린다. 노비는 자식들을 돌보지 않는다. 일할 만한 나이가 되면 주인이 즉시 빼앗아 가기 때문이다. 물건을 훔치고 거짓말하며 속이는 경향이 강하다. 전염병이 걸리면 들판의 초막으로 격리시켜 그냥 죽게 한다. 마음이 여자처럼 여려 청나라 군대가 침략했을 때 적군에게 살해당한 사람보다 숲 속에서 목매달아 스스로 죽은 사람의 수가 더 많았다고 한다. 기생들과 놀기 좋아하는 고관들은 사찰을 주로 이용해 이들과 어울려 사찰이 도량이라기보다는 매음굴이나 술집으로 인식되기도 했다.

효종孝宗 5년(1653) 8월 네덜란드 동인도회사의 선원으로 폭풍우에 휘말려 제주도로 떠밀려왔다가 13년간 조선에서 산 뒤 탈출해 고향으로 돌아간 헨드릭 하멜Hendrik Hamel(?~1692)이 남긴 표류기의 일부다. 이른바

《하멜표류기》다. 《하멜표류기》
는 서양인이 조선에서의 경험
을 토대로 정리한 조선에 관한
최초의 기록이다.

하멜 일행은 자카르타를
출발해 일본의 나가사키로 항
해하던 중 태풍을 만나 배가 제
주 해안가 바위에 부딪혀 침몰
했고 하멜을 포함해 서른여섯
명이 살아남았다. 처음 2년은
서울에서 살았고 이후 전라도
강진 병영으로 옮겨졌으며 때

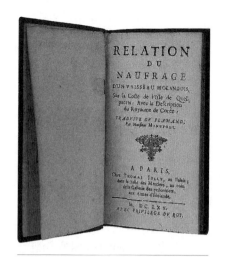

네덜란드 선원인 헨드릭 하멜이 제주도에 표류해
약 13년간 조선에서 겪은 경험담을 쓴 기록문이자
보고서인 《하멜표류기》.

때로 땔감 채취, 마당 풀 뽑기 등 강도 높은 노동을 강요받으면서 엄격한
통제를 받았다. 1666년 9월 일행은 간신히 배를 구해 바다로 나아갔고 10
여 일 후 나가사키에 무사히 도착해 동인도회사 관계자들을 만난다. 《하
멜표류기》는 하멜이 나가사키에 1년가량 머무는 동안 집필했다.

책엔 일행이 겪은 행적과 함께 조선인의 기질, 풍습 등 조선의 전반
적 사항을 기록했다. 1668년 네덜란드에서 처음 간행된 뒤 프랑스, 영국,
독일어판으로도 발간되면서 출판 붐을 이뤘고, 유럽에 조선이라는 나라
를 널리 알렸다.

개항(1876) 이전 조선에서 선교 활동을 한 프랑스 선교사들도 파리 본
부나 고향의 가족에게 보낸 편지에서 조선 사람에 대한 이야기를 많이 써

보냈다. 선교사들은 편지에서 "조선의 임금은 게으르고 멍청하고 무능한 자로 양반이 백성을 괴롭히고 재산을 빼앗는데도 방관한다"라고 자주 얘기했다. 또한 선교사들은 "조선 사람들은 성격이 경박하고 호기심이 지나치게 많으며 매우 탐욕스럽다"라고 묘사했다.

하멜의 고향인 네덜란드 호르큼에 세워진 하멜 동상.

조선인을 가장 혹독하게 비판한 사람은 미국의 유명 작가 잭 런던Jack London(1876~1916)이다. 고전으로 분류되는 〈늑대 개〉, 〈야성의 부름〉이 대표작이다. 잭 런던은 1904년 2월 8일 발발한 러일전쟁을 취재하기 위해 조선을 방문했고, 1904년 2월 초부터 5월 1일까지 3개월여를 한국에 머물렀다.

1982년 프랑스 출판사가 러일전쟁 시기 잭 런던의 신문과 잡지 글을 모아 펴낸《잭 런던의 조선사람 엿보기》를 보면 도무지 좋은 평가를 찾을 수 없다. "한국인은 몹시 게으르다. 빨리, 냉큼, 얼른, 속히 등 속도를 재촉하는 단어가 무려 스무 개나 됐다. 도둑질에도 능했다. 황주의 한 숙소에서 말을 덮어 주던 담요 두 장이 없어졌다. 집 주인은 '죄송하다'는 말만 되풀이하며 그냥 넘어가려고 했다. '전부 다 평양까지 끌고 가 처벌하겠다'고 위협하자 한 짐꾼이 땅을 파고 훔쳐간 담요를 꺼냈다. 그 순간 수많은 한국인이 달려들어 그 짐꾼을 사정없이 패기 시작했다. 한국인들의 또 다른 특성은 못 말리는 호기심이다. 구경은 그들에게 최고의 즐거움으로 여겨졌다. 군중은 아침식사 전부터 몰려들어서 하루 종일 나의 일상을 구경했다. 가장 인기가 있을 때는 면도를 할 때다. 얼굴에 비누칠을 하기 시작하면 너무나 많은 사람으로 길이 막혀 군대가 행진을 못할 지경이었다. 그들은 상전인 왜놈들을 몸집으로 훨씬 능가하는 건장한 민족이지만 그들에게는 기개가 없고 어떤 맹렬함도 없다."

독일인 저널리스트 루돌프 차벨Rudolf Zabel은 한국에서 신혼여행을 하면서 《독일인 부부의 한국 신혼여행》(1904)를 남겼다. 그는 책에 "한국인의 생활신조는 되도록 돈은 많이, 일은 적게, 말은 많게, 담배도 많이, 잠은 오래오래였다. 술 취한 한국인이 길거리에 누워 있는 모습은 흔한 구경거리였고 여자 문제로 살인이 나는 것도 드문 일이 아니다"라고 썼다.

잭 런던.

스텐 베리만.

21개월 동안 한국에 머물면서 한국 야생을 탐험한 스웨덴 동물학자 스텐 베리만(1895~1975)은 《한국의 야생동물지》(1938)에서 한국인과 풍속을 일부 소개하면서 "한국인은 정력과 힘, 투쟁 정신, 집단행동 능력이 결여돼 있다. 유구한 문화에 대한 자긍심을 갖고 있지만 힘든 일을 하려 하지 않고 앉아서 긴 담뱃대를 물고 담소하기를 좋아한다. 나라가 혼란한 상태가 되어 돌아볼 수 없는 상황이었으므로 일본이 아니더라도 러시아나 중국이 합병했을 것이다"라고 기술했다.

미국 대통령 시어도어 루즈벨트의 친구인 조지 케넌George Kennan 은 《나태한 나라 조선》(1905)에서 "조선인은 나태하고 무기력하며 몸도 옷도 불결하고 아둔하며 매우 무식하고 선천적으로 게으른 민족"이라고 혹평했다.

《한국과 그 이웃나라들》(1898)이라는 책을 쓴 영국의 여성 지리학자 비숍Isabella Bishop(1832~1904)은 게으름은 조선인의 기질이지만 러시아나 만주에 이주한 조선인들의 근면하고 번영하는 모습을 예로 들면서 밖에 나가면 더 잘사는 민족이라고 평가했다.

우리 조상에 대한 외국인들의 평가는 대체로 무기력하면서도 성격이 경박하고 남을 잘 속이면서도 다른 사람의 일에는 관심이 많다는 것으로 요약할 수 있다. 물론 이들의 시각이 서구 중심, 제국주의에 입각해 매우 편협된 측면이 있으며, 다른 저술에서는 어려울 때 서로 돕고 가족애가 남다르다며 긍정적으로 서술한 부분도 없진 않다. 소득 3만 달러 시대를 사는 오늘날 우리는 얼마나 바뀌었을까?

조선 선비, 아웃도어에 열광하다

점필재佔畢齋 김종직金宗直(1431~1492)의 문인이면서 생육신 가운데 한 사람인 남효온南孝溫(1454~1492)은 '물놀이광狂'이었다고 한다. 산을 찾을 때면 발만 씻는 '탁족濯足'에 만족하지 않고 옷을 훌훌 벗어 던지고 계곡물에 풍덩 뛰어들었다. 1485년 금강산을 유람하면서 "보덕굴 근처 계곡에 드러누워 물장구를 쳤다"라고 〈유금강산기〉에 기록하기도 했다. 조선 사대부들이 몸을 노출하기를 꺼린 점을 감안할 때 매우 파격적이다. 1487년 지리산을 찾았을 적에도 옷을 벗고 목욕을 했다고 〈지리산일과智異山日課〉에 적었다. 압권은 외금강 발연계곡에서의 폭포 타기다. 그는 "돌이 미끄럽고 반질반질해 몸이 거꾸로 내려가도 다치지 않는다. 운산(친구)에게 먼저 시험하게 하고 뒤를 이어 따라갔다. 여덟 번 뛰어들어 여섯 번 제대로 했다. 바위 위로 나오니 모두 손뼉을 치고 크게 웃었다"라고 했다. 점잖 빼는 양반들이 개구쟁이처럼 벌거벗고 폭포를 타며 즐거워하는 모습

이인문李寅文(1745~1821)이 그린 〈발연鉢淵〉.

금강산 발연계곡에서 사대부들이 미끄럼을 많이 탔다고 전한다. 국립중앙박물관 소장은 생각만 해도 저절로 폭소가 터진다.

독만권서 행만리로讀萬卷書 行萬里路. '만권의 책을 읽고 만리를 걷는다'는 뜻이다. 명나라 서예가 동기창董其昌(1555~1636)은 서화에서 향기가 나려면 이렇게 해야 한다고 권했다. 이 말을 실천하기 위해 전국의 명산대천名山大川을 찾아다니는 일이 조선 사대부들 사이에서 큰 유행처럼 번졌다. 순례하듯 평생 산수를 누빈 이도 허다했다. 그들은 자연을 벗 삼아 풍류를 즐기는 삶을 추구해 아름다운 경치를 감상하면서 심신 수양과 공부의 기회로 삼았다. 엄숙한 일상에서 벗어나 자연 속에서 일탈을 만끽하기도 했다. 그 결과 조선 선비들은 북한산, 금강산, 속리산, 청량산, 가야산, 지리산, 백두산 등 명산을 여행하고 쓴 기행문 형식의 일기인 '유산기遊山記'를 무수히 남겼다. 유산기는 여행자들의 성격, 유람 동기, 여정의 특성, 여행 관행 등이 망라돼 있는 조선 생활사의 보고다.

그들은 몇 년이 걸릴지도 모르는 유람을 떠나기에 앞서 신변부터 먼저 정리했다. 현직 관리는 소를 올려 임금의 허락을 받거나 사직서인 사장辭狀을 제출하고 관직을 그만뒀다. 식량은 2~3일분만 준비하고 여행을 하면서 조달했다. 조선시대에는 일반적으로 두 끼 식사만 했지만 에너지 소모가 많은 여행 중에는 점심에 해당하는 '중화中火'를 먹었다고 전한다. 붓과 벼루 등 문방구도 필수품이었다. 종이는 휴대가 용이하도록 미리 잘라서 책으로 엮었다. 가족과 친지, 노복을 동반한 여행단 규모는 대개 10~20명 수준이었다.

피리, 거문고 연주자와 산수화를 그릴 화공이 동행하기도 했다. 전·현직 고위관료의 경우 50~100명의 대규모 여행단을 꾸렸다. 여기에는 기생, 요리사까지 동반했다. 숙박은 관아의 객사나 공공여관인 역원驛院을 주로 이용했고 산에서는 주로 사찰에 묵었다. 여행에 시가 빠질 리 없다. 뛰어난 경치나 벗과의 만남·이별 등을 소재로 했다. 1780년 청량산에 오른 문인 박종(1735~1793)은 유산기인《청량산유람록》말미에 "23일 동안 680리의 길을 왕복하면서 530수의 시를 얻었다"라고 밝혔다. 많은 날은 84편까지 지었다. 일생을 전국 방방곡곡 명승지를 찾아다니면서 사실적이면서도 섬세한 표현의 문학 작품을 많이 남긴 권섭權攝(1671~1759)은 87세의 고령에도 총 113일에 걸쳐 함경도 2280리를 여행하면서 시 203수를 썼다. 백운동서원白雲洞書院을 세운 주세붕周世鵬(1495~1554)은 청량산을 찾았다가 지은 시들을 묶어 책으로 남겼다. "이번 여행에서 지은 시 100편으로《청량산음》을 엮었다. 돌아와 누워 아이들과 펼쳐 보았더니 좋았다"라며 "그 옛날 주자와 장식이 남악을 유람하면서 주고받은 시가 149편이었다"라고 비교하면서 만족스러워 했다.

사대부들은 산에서도 책을 놓지 않았다. 한강寒岡 정구鄭逑(1543~1620)는 1579년 가야산에서 "아침 일찍 일어나《근사록近思錄》(주자학 입문서)을 읽었다. 구름과 산을 바라보며 100가지 생각을 비우니 깨달음이 생겼다"라고 했다. 이 책과 함께 유람 중에 많이 애독한 책은《심경心經》(심성 수양에 관한 격언들을 모은 책)이다. 계곡에 발을 담그는 일도 동경의 대상이었다. 사대부들은 "갓끈과 발을 씻겠다"는 굴원屈原의 고사에서 유래한 탁족을 통해 마음을 깨끗이 씻을 수 있다고 여겼다. 영조 때 영의정을 지낸 유척기兪拓基(1691~1767)는 1712년 가야산을 찾아 탁족을 한 뒤 "막혀 있던 가슴이 확 트이는 것을 느꼈다"라고 떠올렸다. 드물게 세속의 때를 씻어 내

신익성申翊聖(1588~1644)의 《금강산도권金剛山圖卷》 중 〈와선대臥僊臺〉.
선비들이 물가에 한가롭게 앉아 있다. 국립중앙박물관 소장

려고 목욕을 하기도 했으며 신병 치료 등을 위해 온천욕을 즐기기도 했
다. 산중에서 그들은 평소와 다른 면모도 보였는데, 엄격한 유학자였지
만 승려들과의 토론도 마다하지 않았다. 1618년 금강산을 찾은 정엽鄭曄
(1563~1625)은 유점사 고승들과 '심성', '윤회설' 등을 놓고 서로 질문하고
대답했다. 그는 "세속 사람들과 한담이나 나누는 것보다 훨씬 가치가 있
다"라고 높게 평가했다. 무속 신앙을 배척했지만 산을 오르기 전에 산신

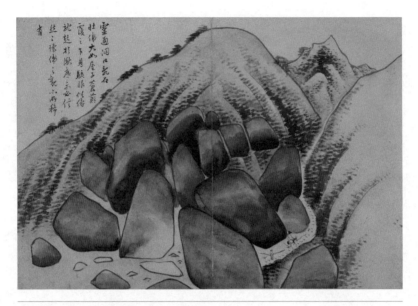

강세황姜世晃(1713~1791)의 《송도기행첩松都紀行帖》 중 〈영통동 입구〉.
개성 오관산에 위치한 영통동으로 향하는 길목 풍경을 그린 것이다. 국립중앙박물관 소장

제를 올리기도 했다. 조선 성리학의 종조인 김종직마저 1472년 지리산에서 술과 과일을 차려 놓은 채 날씨가 맑게 해달라고 지리산 천왕에게 제사를 지냈다.

　　모두 산으로 몰리니 폐단도 적지 않았다. 바위에 자기 이름 등을 조각하는 제명題名이 크게 유행하면서 성한 바위를 찾기가 힘들어졌다는 비판이 많았다. 제명은 먼저 붓으로 종이에 글씨를 쓰고 노복이나 승려가 이를 돌 등에 붙여 쪼아서 새겼다. 당송팔대가唐宋八大家 중 한 사람인 창려昌黎 한유韓愈(768~824)는 숭산에, 북송의 시인 소동파蘇東坡(1036~1101)는 선유에 제명을 남겼다. 우리나라에서는 양사언楊士彦(1517~1584)이 금강산

산에서 고기를 구워먹는 모습을 묘사한 작자 미상의 풍속화.
국립중앙박물관 소장

만폭동에 '봉래풍악 원화동천蓬萊楓岳元化洞天'(봉래풍악은 금강산, 원화동천은 만폭동의 다른 이름)이라고 쓴 것이 시작이다. 그 뒤 금강산에는 바위는 말할 것도 없고 절, 정자의 벽과 기둥 등을 가리지 않고 글씨를 팠다. 이만부李滿敷(1664~1732)는 양사언의 글씨 주변에 자기 조상들과 아버지 이름을 비롯해 글씨를 새길 만한 공간이 없을 정도로 많은 이름이 들어차 있다고 증언했다. 조선시대 사대부들에게 유람, 즉 아웃도어 활동은 삶의 중요한 일부였다. 그들은 단순히 산을 여행하는 데만 그치지 않고 이를 통해 서로 활발히 교류했고 또한 다양한 체험을 산문, 시와 그림 등 무수한 작품으로 승화시켰다.

낯 뜨거운
《조선왕조실록》

서울·경기에 거주하는 20~50대 기혼 남녀 263명을 대상으로 외도 경험을 물은 결과 남성은 46.2퍼센트, 여성은 26퍼센트가 '그렇다'고 대답했다고 한다. 외도를 해봤다는 응답자 중 현재 외도 중인 경우는 여성이 14.3퍼센트로 남성의 12.3퍼센트보다 높았다. 외도 관계가 지속되는 기간이 남성보다 여성이 길다는 사실을 알 수 있다. 외도 등의 결과는 이혼율 세계 3위라는 불명예를 낳았다. 현재 우리나라 이혼 가구 수는 127만을 넘어섰다.

　순종과 희생이 강조되던 우리 어머니들의 전통적인 삶을 떠올릴 때 격세지감을 느낀다. 과거 여인들의 삶은 남편을 따르고 순종해야 한다는 여필종부女必從夫와 칠거지악七去之惡으로 대변된다. 귀머거리 3년, 벙어리 3년, 장님 3년의 혹독한 시집살이를 견뎌야 했고 심지어 남편이 죽으면 따라 죽는 것이 최고 덕목으로 받들어지기도 했다.

신윤복이 그린 〈월하정인月下情人〉.
사랑하는 남녀의 은밀한 만남을 그렸다.

그렇다면 그들은 숨조차 제대로 쉴 수 없는 철저한 억압 속에서 노예처럼 비참하게 살았을까? 실록의 기록은 놀랍게도 그와 정반대다. 섹스 스캔들에 근친상간까지 서슴지 않고 자행하면서 성적 정체성을 과감히 드러낸 여인들을 어렵지 않게 만날 수 있다. 그들의 행각을 너무나도 사실적으로 묘사한 실록은 남녀상열지사男女相悅之詞 수준에 가깝다.

간통 사건은 조선 전기 실록을 도배하다시피 한다. 정종 즉위년 (1399) 8월 19일자 실록은 대학자인 변계량卞季良(1369~1430)의 누나 변씨의 엽기적 사건을 실었다. 변씨의 첫 남편은 박충언이었다. 그가 사망하자 변씨는 박원길에게 재가했다. 변씨는 전 남편의 종이던 포대, 사안 형제와 돌아가며 음행을 일삼다가 남편에게 들통이 났다. 그러자 변씨는 동생에게 달려가 남편의 성질이 사나워 같이 살기 어렵게 됐다며 이혼할 수 있도록 도와달라고 간청했지만 누이의 행실을 잘 알고 있던 변계량은 무시해 버렸다. 그러자 변씨는 정안대군(태종 이방원)에게 달려가 "남편 박원길과 아우 변계량이 의안대군(이방석)을 내세워 거사를 모의했다"라고 고변했다. 국문이 벌어져 박원길과 사안은 곤장을 맞아 병사했고, 포대는 마침내 "우리 형제가 주인마님과 사통한 사실을 박원길이 알게 돼 거짓말을 꾸며 사지에 빠뜨리려고 했다"라고 자백했다. 변씨와 포대는 참형을 면치 못했다.

성군으로 불리는 세종대왕은 뜻밖에도 동성애에 빠진 며느리로 인해 가슴앓이가 심했다. 세종 18년(1436) 실록에서 이 내용을 자세히 다루고 있다. 세종은 첫 번째 세자빈(휘빈 김씨)을 쫓아내고 봉씨를 며느리로 맞았다. 세자(후일 문종)는 봉씨에게 무관심했다. 그래서인지 봉씨는 이상한 행동을 했다. 궁녀들의 변소에서 용변 보는 모습을 훔쳐보는가 하면 궁녀들에게 음란한 노래를 부르게 했다. 그러다가 봉씨가 소쌍이라는 궁녀와 동성애에 빠졌다는 소문이 궐내에 파다하게 퍼졌다. 세자가 소쌍을 불러 추궁하자 놀라운 얘기를 실토했다. 소쌍은 "빈께서 저를 불러 내전으로 들어오게 한 뒤 다른 여종들은 모두 나가라고 하셨습니다. 빈께서 같이 자자고 윽박질러 마지못해 옷을 반쯤 벗고 병풍 뒤로 들어갔습니다. 빈께서 갑자기 저의 나머지 옷을 다 빼앗고 강제로 눕혀 남녀가 교합하는 것처

신윤복이 그린 〈사시장춘四時長春〉.
여성의 중요 부위 형상의 계곡을 배경으로 남녀 둘만 있는 방 앞에서 어쩔 줄
몰라 하는 어린 소녀가 웃음을 자아낸다. 국립중앙박물관 소장

신윤복이 그린 〈이부탐춘嫠婦眈春〉.
개가 교미하는 장면을 보면서 두 여인이 얼굴을 붉히고 있다. 간송미술관 소장

럼 서로를 희롱했습니다"라고 자백했다. 봉씨는 소쌍이 잠시만 안 보여도
"나는 너를 사랑하는데 너는 그렇지 못하구나"라고 화를 냈다. 동침한 다
음 날 새벽에는 세자빈이 손수 이불과 베개를 거둬 세탁했다. 드디어 세
종이 세자빈을 불렀다. 봉씨는 "소쌍이 다른 궁녀를 좋아해 밤에 같이 잤
으며 낮에도 서로 혓바닥을 빨았습니다. 저는 처음부터 동숙한 일이 없었
습니다"라고 발뺌했다. 하지만 연루된 궁녀들이 사건의 전모를 실토했고
봉씨는 폐출됐다.

신윤복이 그린 〈연당야유蓮塘野遊〉부분.
영화의 소재로도 활용된 그림으로, 표현이 매우 노골적이다. 간송미술관 소장

세종 9년(1427)에는 희대의 섹스 스캔들이 발생해 세상을 충격에 빠
뜨린다. 한성 부사 유귀수의 딸이며 평강 현감 최중기의 부인인 유감동이
무려 40명이 넘는 남자와 간통한 사건이다. 세종 9년(1427) 실록은 그녀
의 죄상을 적나라하게 묘사했다. 유감동의 음행은 김여달을 만나면서 본
격적으로 시작된 듯 보인다. 김여달은 길을 걸어가는 유감동을 붙들어 순
찰을 해야 한다며 강간했다. 김여달은 이후 그녀의 집까지 찾아가 거리낌
없이 간통했다. 유감동은 남편과 자다가 소변을 본다고 속이고 몰래 애인

을 만나기도 했고, 남편이 무안 군수로 제수받아 자신을 임지로 데려갔지만 병이 생겼다고 속이고 서울로 올라와 차마 입에 담을 수 없는 음행을 저질렀다. 총제 정효문, 상호군 이효량, 도사 이곡, 수정장 장지, 안자장 최문수, 은장 이성, 호군 전유성, 행수 변상동 등 명문가 남성들과 닥치는 대로 관계했다. 나루터 아전 황치신은 지나가는 유감동을 불러 몸을 섞었고 그녀의 신분을 안 뒤에도 계속 만났다고 실록은 전한다. 심지어 그녀는 시누이의 남편인 이효량과도 관계를 가졌다. 남편과 갈라선 뒤 첩살이를 하면서도 못된 버릇은 버리지 못해 이승의 첩이 되어 변상동과 수시로 만났고 정탁의 첩으로 있으면서는 그의 조카 정효문과 통간했다. 그녀에 대한 소문은 사대부들 사이에 파다하게 퍼졌다. 해주 판관 오안로는 그녀를 관아에 끌어들였고 관청의 물건을 선물로 주기도 했다.

유감동 스캔들의 연루자들에 대해 세종은 매우 너그러웠다. 사대부들은 대부분 가벼운 처벌을 받았다. 유감동도 죽음은 피했다. 곤장을 맞고 노비가 돼 변방으로 쫓겨났다. 하지만 그녀는 그곳 사람들과도 일을 벌였다. 세종 15년(1433) 사헌부에서 "너그러운 처분을 내려 음행을 계속하고 있으므로 단호하게 처벌해야 한다"라고 주장했으나 세종은 허락하지 않았다. 비슷한 시기 재상의 딸인 어리가 역시 고위 관리들과 떼를 지어 음행을 일삼다가 체포됐다. 사헌부가 극형에 처하라고 요구했으나 역시 세종은 들은 체 만 체했다.

세조 7년(1461)에는 내시 김덕련의 아내 종비가 한승찬, 유효례, 함제동, 이영생, 최집 등 여러 남자와 간음한 사건이 있었다. 종비는 모친의 상중에 남자와 남편의 재산을 훔쳐 도망하기도 했다. 종비는 장 80대를 맞고 강원도 관비로 넘겨졌다.

조선 중기 이후 성리학이 자리를 잡고 처벌의 강도도 높아지면서 지배층의 대규모 섹스 스캔들은 자취를 감추지만 크고 작은 간통 사건은 끊이지 않았다. 영조 33년(1757) 11월 18일 포천 사족의 딸 윤씨가 형부 이성호와 정을 나누다가 이성호는 곤장을 맞아 죽고 윤씨는 교형에 처해졌다는 기록이 눈에 띈다.

예가 아니면 보지도 듣지도 말하지도 행하지도 말라는 공자의 말씀을 금과옥조처럼 여기던 대쪽 같은 사관들이 이처럼 참담한(?) 사실을 적으면서 느꼈을 고심을 생각하자면 입가에 웃음이 절로 난다.

북한군은 왜
《조선왕조실록》만 훔쳐 갔나?

한국전쟁이 한창이던 어느 날 북한군이 이왕가박물관 장서각(창덕궁 낙선재 옆 창경궁 일원에 있던 건물)에 갑자기 들이닥친다. 이곳저곳을 뒤지던 북한군은 구석진 곳에서 먼지에 쌓인 책 더미를 찾아낸다. 장서각 직원들이 미처 챙기지 못한 《조선왕조실록》 꾸러미였다. 그들은 재빨리 트럭에 옮겨 실은 뒤 북으로 도망쳤다. 북한군은 왜 다른 유물은 놔두고 실록만 챙겨서 달아났을까?

조선왕조는 예로부터 실록을 매우 중요하게 여겨 멸실滅失에 대비하기 위해 네 부를 인쇄한 뒤 도성 내 춘추관, 청주사고, 전주사고, 성주사고 등 네 곳 사고에 보관했다. 하지만 1592년 임진왜란 때 왜군의 진로 주변에 위치한 춘추관사고, 충주사고, 성주사고본이 모조리 불탄다. 다행히 전주사고본은 안의安義(1529~1596)와 손홍록孫弘祿(?~?) 등의 노력에 힘입어 내장산으로 옮겨졌다가 해주, 강화, 묘향산 등을 거치면서 가까스로

서울대 규장각에 보관된 《조선왕조실록》.

전란을 피했고 1603년에는 강화부로 이전됐다.

전란을 수습한 조선은 유일하게 남은 강화도의 전주사고본을 바탕으로 세 부를 더 만들어 각각 묘향산, 태백산(경북 봉화), 오대산(강원 평창), 춘추관에 봉안했다. 그 뒤 춘추관은 이괄의 난(1624) 때 불타 없어졌고 묘향산사고는 후금과의 관계가 악화되면서 적상산(전남 무주)으로 이전된다. 전주사고본은 강화 마니산에 있다가 정족산으로 위치를 옮겼다. 이후 최종적으로 강화 정족산, 태백산, 오대산, 적상산 등 네 사고 체계를 갖추게 되었다.

그러나 실록은 한일병합과 함께 또다시 큰 변화를 겪는다. 정족산본과 태백산본은 조선총독부로 이관됐다가 경성제국대학을 거쳐 해방과 함께 서울대학교로 옮겨졌다. 오대산본은 1913년 일본 동경제국대학으로 반출된 후 관동대지진 때 소실돼 74책이 남았다가 그중 일부인 27책이

1932년 경성제국대학으로 반환됐다. 나머지 47책은 2006년 환수돼 현재 74책이 서울대 규장각에 보관돼 있다. 적상산본은 이왕가박물관에 있던 구황실 장서각으로 가져와 보관했다. 북한군이 들고 간 것이 바로 이 적상산본이다. 그들은 적상산본이 애초 병자호란 이전 묘향산사고에서 이전해 온 것이어서 자기들 소유라고 여겼던 것이다.

태백산본은 다시 분산 보관할 목적으로 1985년 국가기록원 역사기록관으로 옮겨졌다. 이런 과정을 종합해 보면 현재 정족산본 1181책(완질), 태백산본 848책, 오대산본 74책, 기타 산엽본(흩어져 있는 것을 묶은 것) 21책 등 총 2124책이 전한다.

국보 151호인 동시에 유네스코 세계유산인 《조선왕조실록》은 태조부터 철종까지 25대 472년의 사적을 편년체로 기록한 역사서다. 조선의 정치, 외교, 경제, 사회, 상업, 군사, 제도, 법률, 교통, 통신, 문화, 종교, 학문, 역사 등 각 방면의 사료가 총망라돼 있다.

실록은 최대한의 객관성을 담보하기 위해 해당 왕의 사후에 만들어졌다. 실록 편찬에 사용되는 문헌은 역사 편찬의 공식 자료인 사초史草(춘추관 사관들이 작성한 실록의 초고) 외에도 《춘추관일기春秋館日記》, 《승정원일기承政院日記》(왕의 비서기관에서 쓴 일기), 《의정부등록議政府謄錄》, 조보朝報(관보), 《비변사등록備邊司謄錄》, 《일성록日省錄》(왕의 입장에서 펴낸 일기) 등이었으며 개인의 일기나 문집이 포함되기도 했다. 고종과 순종의 실록도 간행됐지만 편찬 체제가 이전과는 달라 실록에 편입시키지 않는다.

1996년 7월 강화 정족산본과 오대산본을 소장하고 있던 서울대 규장각이 다급하게 국립문화재연구소에 연락했다. 실록에 심각한 손상이 생겼

손상된 밀랍본《조선왕조실록》.
국립문화재연구소 사진

밀랍을 입히지 않은 생지본
《조선왕조실록》.
국립문화재연구소 사진

밀랍을 입힌《조선왕조실록》.
국립문화재연구소 사진

음을 파악했기 때문이다. 문화재연구소는 이듬해 4월부터 1년간 실록 보존 상태를 조사했는데, 양초의 원료인 밀랍을 도포한 실록에 피해가 집중됐다. 균열, 꺾임, 고착(낱장이 들러붙은 것) 등의 물리적 손상이 심했고 변색과 곰팡이 등도 많았다. 이런 현상은 밀랍 도포량이 많을수록 심했다.

그러나 국립문화재연구소도 원인을 찾아내는 데만 만족해야 했다. 이와 관련한 연구 사례가 전무했기 때문이다. 2002년 9월 문화재청 국회 국정감사에서 실록의 이런 실태가 언론에 공개되면서 큰 논란을 불러일으켰다. 귀중한 문화유산의 소홀한 보존 관리에 대한 각계의 비난이 쏟아졌다.

조선이 실록을 밀랍 처리한 이유는 뭘까? 책은 벌레와 습기에 취약하기 마련이다. 실록이 워낙 중요하다보니 완벽한 방충·방습이 불가능한 당시로서는 최첨단 보존 기술을 고안했는데 그것이 바로 밀랍 처리였다.

유일하게 강화 정족산본만이 밀랍 처리되었다. 정족산본은 임진왜란 전에 만들어진 전주본을 근간으로 한다. 그중 밀랍 처리된 실록은《태조실록》에서《명종실록》까지 총 614책이다.《선조실록》부터는 모두 밀랍 처리를 않은 생지본이다. 따라서《태조실록》이 작성된 태종 대부터《명종실록》이 만들어진 선조 대까지 밀랍본이 제작됐을 것으로 보인다. 당시에도 밀랍본의 문제점이 있었는지 임란 후에는 밀랍본이 자취를 감춘다.

국립문화재연구소 연구팀은 2006년부터 본격적으로 복원 연구에 돌입했다. 결실을 맺기까지는 8년이라는 세월이 걸렸다. 그렇게 해서 찾아낸 기술이 '초임계 유체추출법supercritical fluid extraction'이다.

실록을 밀폐된 공간에 넣고 이산화탄소를 주입한 뒤 일정 온도와 압

국립문화재연구소에서 재현한 종이에 밀랍을 입히는 과정.

력을 가하게 되면 이산화탄소는 기체도 아니고 유체도 아닌 '초임계 이산화탄소 유체' 상태로 변한다. 빨래의 때를 물로 씻어 내듯 이산화탄소 유체로 밀랍을 녹여 내는 것이다. 유체는 불활성, 무미, 무취, 무해한 청정 용매로 먹과 종이에 영향을 주지 않으면서도 밀랍만을 선택적으로 녹여 내는 효과가 시제품을 통한 실험에서 입증됐다. 국립문화재연구소는 서울대 측과 협의해 실제 실록에도 이 기술을 적용하려고 한다. 하지만 시제품이 아닌 진품인 만큼 조심스러울 수밖에 없다. 세계인의 유산으로 거듭난 《조선왕조실록》이 수백 년 묵은 낡고 두꺼운 옷을 훌훌 털고 산뜻한 모습으로 우리에게 다시 돌아올 수 있을까?

우리 품으로
다시 돌아온 국보 셋

태평양전쟁이 막바지로 치닫던 1944년 조선의 중년 신사가 일본의 저명한 동양철학자 후지스카 치카시藤塚隣(1879~1948)를 만나기 위해 도쿄로 건너간다. 신사는 노령으로 병석에 누워 있던 후지스카를 찾아 문안 인사만 하고 아무 말 없이 물러났다. 이를 일주일 동안이나 반복하자 후지스카는 그의 의도를 간파하고 "내 눈을 감기 전에는 내놓을 수 없다. 죽고 나면 아들을 통해 그대에게 보내 줄 테니 한시 바삐 돌아가라"라며 거절한다. 신사는 그러고 나서도 열흘이나 똑같은 일을 되풀이했다. 이윽고 후지스카가 아들을 불러 "그에게 건네라"라며 지시했다.

신사는 조선의 대표 서예가 소전素筌 손재형孫在馨(1903~1981), 후지스카는 추사 연구의 일인자였다. 이날 후지스카가 손재형에게 넘긴 것은 놀랍게도 추사 김정희의 〈세한도歲寒圖〉였다.

〈세한도〉(가로 69.2센티미터, 세로 23센티미터)는 거칠고 메마른 붓질을 통해 한 채의 집과 고목이 풍기는 스산한 분위기를 잘 표현했으며 추운 겨울을 맑고 청절하게 묘사했다. 마른 붓질과 묵의 농담, 간결한 구성 등은 지조 높은 작가의 내면세계를 보여 준다. 극도의 절제와 생략을 통해 인위적 기교주의에 대한 반발심을 표현한 조선 후기의 대표적 문인화로 평가받는다.

〈세한도〉는 애초 추사가 애제자 이상적李尚迪 (1804~1865)을 위해 그려 준 것이다. 이상적이 죽은 뒤 다시 그의 제자 김병선을 거쳐 친일파 민영휘에게 넘어갔다가, 후지스카가 민영휘의 아들 민규식에게 구입한 것으로 전한다.

손재형이 〈세한도〉를 갖고 귀국한 뒤 몇 개월이 지난 1945년 3월 10일 후지스카의 서재는 폭격을 맞아 소장하던 책과 서화가 잿더미로 변했다. 손재형의 열정적인 집념이 없었다면 우리는 〈세한도〉를 영영 못 볼 뻔했다. 〈세한도〉는 국보 180호로 지정돼 있다.

국립중앙박물관 전시동 1층에는 화려하기 그지없는 탑이 하나 우뚝 서 있다. 국보 86호 경천사지 10층석탑이다. 고려 전기 창건된 개성 경천사敬天寺에 있던 탑으로 1층 몸돌에 고려 충목왕忠穆王 4년(1348)에 세웠다는 기록이 있어 만들어진 연대

〈세한도〉.
국보 180호, 국립중앙박물관 소장

를 정확히 알 수 있다. 전체 균형과 생동감 넘치는 조각이 잘 어우러져 아름다운 자태를 뽐낸다. 기단과 탑신에는 부처, 보살, 풀꽃무늬, 기와 등이 목조건축을 연상케 하는 뛰어난 조각 기법으로 새겨져 있다. 우리나라 석탑의 일반적 재료가 화강암인 데 비해 대리석으로 만들어졌다. 이 양식은 조선시대에 이르러 서울 원각사지 10층석탑(국보 2호)에 영향을 줬다.

이 탑을 탐낸 자가 있었다. 일본 궁내 대신 다나카 미스아키田中光顯(1843~1939) 자작子爵이었다. 1907년 1월 20일 순종 결혼식에 일본 특사로 파견된 다나카는 2월 4일 "고종 황제의 허락을 받았다"라며 무장한 일본인 인부 200명을 데리고 경천사 절터를 급습했다. 항의하는 주민들을 총칼로 위협하면서 탑을 해체한 뒤 10여 대의 달구지에 실어 철도를 이용해 도쿄로 도둑질해 갔다. 《대한매일신보》가 "한국 인민이 그 만행과 모욕에

항거해 일어설 것"이라고 경고했지만 다나카는 무시해 버렸다.

이후 이 사건은 연일 언론에 오르내렸고, 외국 여론은 물론 일본인 사이에서조차 비난의 목소리가 드세지면서 파장은 걷잡을 수 없이 커졌다. 다나카는 들끓는 여론을 의식해 포장도 풀지 않은 채 자기 저택 정원에 탑을 보관했다. 1916년 새 총독으로 부임한 하세가와 요시미치조차 그의 행동을 이해할 수 없었는지 "하등의 수속도 거치지 않고 운반해 갔으므로 어떤 구실로도 사유물이 될 수는 없다"라고 압박하자 다나카는 마지못해 1918년 11월 15일 탑을 돌려보낸다.

탑은 해체하고 운반하는 과정에서 큰 상처를 입어 반환된 상태 그대로 경복궁 근정전 회랑에 보관되다가 광복을 맞았다. 그러고도 한참이 지난 1960년에 이르러서야 경복궁 야외에 다시 세워진다. 날림 조립이어서 시급한 보존 대책의 필요성이 대두되다가 1995년 대대적으로 경복궁 복원 계획이 진행되면서 10년간의 보존과 복원 작업을 거쳐 현재의 모습으로 다시 태어났다.

　　일본군의 치욕적인 패전 기록을 담은 북관대첩비北關大捷碑가 받은 수모는 더욱 처참하다. 북관대첩비는 임진왜란 때 의병장 정문부鄭文孚(1565~1624)가 함경도에서 불패를 뽐내던 가토 기요마사加藤淸正(1562~1611)를 격파해 일본군의 함경도 함락을 좌절시킨 내용을 새긴 비석이다. 숙종 때 길주 북평사北評事 최창대의 건의로 건립됐으며 높이 187센티미터, 너비 66센티미터에 1500자가 새겨졌다. 러일전쟁 당시 북진하던 일본군은 비석을 발견하고 전리품으로 빼돌려 도쿄 야스쿠니 신사에 전시한다. 비문을 소개하는 목패에는 "비문의 내용은 사실과 완전히 다르니 사람들은 믿지 말라"라고 적혀 있었다.

　　독립운동가 조소앙趙素昻(1887~1958)은 일본 유학 중 야스쿠니 신사에서 비식을 발견하고, 재일 조선 유학생 잡지《대한흥학보大韓興學報》에 북관대첩비를 빼내 온 일본을 꾸짖는 글을 썼다.

　　조소앙이 처음 발견한 이후 많은 시간이 흐른 1978년 재일학자 최서면이 조소앙의 글을 확인하고 언론에 공개하면서 북관대첩비의 존재가 재차 알려졌고 반환 여론도 비등해졌다. 그러나 끈질긴 반환 요구에도 일본 정부와 야스쿠니 측은 꿈쩍하지 않았다. 북관대첩비의 상태는 심각했다. 1톤 무게의 돌에 짓눌리고 콘크리트 덩이에 꽂힌 모습으로 방치돼 있었다. 원소재지가 북한이므로 통일되면 돌려주겠다고 일본이 버티자 남북한 불교계가 힘을 합쳐 반환을 요청했다.

임진왜란 당시 왜군의 치욕적인 패전 기록을 담은 북관대첩비는 러일전쟁 때 일본으로 반출됐다가
2005년 다시 되돌아왔다.

2005년 6월 20일, 드디어 한일정상회담에서 노무현 대통령과 고이즈미 준이치로 일본 총리가 반환에 합의한다. 10월 20일 북관대첩비는 귀환했고 정밀 보존 처리를 거쳐 2006년 3월 1일 북한으로 보내져 원래 자리인 함경도 김책시 임명동에 세워졌다. 북한은 이를 국보 유적 193호로 지정했다.

국외소재문화재재단에 따르면 국외에 퍼져 있는 우리 문화재는 일본 6만 7708점을 포함해 전 세계 20개국 15만 6160점에 달한다. 약탈당한 우리 문화재를 되찾아오기 위해 헌신하는 사람들도 총칼 들고 나라를 지키는 사람 못지않은 애국자가 아닐까.

국보급 유물이 500점이나
더 있다?

2015년 4월 22일까지 국보 중 막내는 조선 태조 이성계의 어진(국보 317호)이었다. 전북 전주 경기전에서 보관 중인 태조 어진은 고종 9년(1872)에 낡은 원본을 모사模寫한 것이다. 애초 보물이었으나 원본에 충실하게 그려졌고 곤룡포袞龍袍의 각진 윤곽선과 양다리 쪽에 삐져나온 옷의 형태, 의자에 새겨진 화려한 용무늬 등 조선 전기 초상화 특징이 살아 있다는 점이 높게 평가돼 2012년 6월 국보로 승격됐다. 그러고 나서 3년여의 세월이 흐른 2015년 4월 22일 포항 중성리 신라비가 국보 318호로 지정됐다. 중성리 신라비는 1면 12행에 걸쳐 모두 203자를 새긴 비석으로 신라 관등제의 성립 과정, 신라 6부의 내부 구조와 지방 통치, 분쟁 해결 절차, 궁宮의 의미, 사건 판결 후 재발 방지 조치 등 신라의 정치·경제·문화상을 알려주는 내용을 담아 역사적 가치가 높다.

국보 지정이 뜸한데, 이제 국보급 유물이 더는 없을까? 결론부터 말하면 지금 당장 문화재위원회 국보 심의에 올려도 될 만한 유물은 아직도 500점에 달한다. 국립중앙박물관이 자체 소장 중인 유물을 대상으로 조사한 결과다.

2013년 금동미륵보살반가사유상(국보 83호)과 함께 뉴욕 메트로폴리탄 박물관 특

별전 '황금의 나라, 신라'에 출품돼
기대 이상의 호평을 받은 철조불
좌상(충남 서산 보원사지 출토) 역시 아
직 국보는 물론 보물 명단에도 이
름을 올리지 못했다.

이 불상은 높이가 1.5미터에 달하
며 제조 공정이 까다로운 철 주물
인데도 넉넉한 얼굴 표정과 천 주
름이 사실적으로 표현돼 국보 83
호에 버금가는 가치를 지닌 유물
로 여겨진다. 특별전에서도 미국
미술사학자들이 "어둡고 거친 느

철조불좌상鐵造佛坐像.
국립중앙박물관 소장

낌의 철 재질과 고도의 조각 기법은 서양에서는 찾을 수 없다. 금동불에서 느낄
수 없는 장엄미가 일품"이라고 극찬했다.

이 철불처럼 국보 자격을 충분히 갖추고서도 여태 국보로 지정되지 않는 유물에
는 어떤 것이 있을까? 철조불좌상은 국립중앙박물관 3층 불교조각실에 전시돼
있다. 불교조각실에는 철불 다섯 점이 있는데 모두 형태가 온전하며 국보급이다.
못난이 인형 모습의 또다른 철조불좌상(충남 서산 보원사지 출토)은 높이가 2.59미터로
석굴암 본존불보다 크다. 몸통에 비해 큰 두상 등 이상적 비례미를 탈피해 개성과
인간미가 넘친다. 제작 시기는 통일신라시대 후기나 고려 초기다. 당시엔 용광로
가 없어 쇠를 여러 도가니에 1200도 이상 온도로 녹인 뒤 동시에 부어 주조해야
만 했다. 중간에 멈췄다 다시 부으면 불상이 깨진다. 이처럼 공정이 까다롭다 보

니 철불은 중국과 일본에서는 거의 찾아보기 어렵다. 중앙의 장인 집단이 부유한 지방 호족들의 초청을 받아 철불을 제작했을 것이다. 철불 얼굴은 제각각인데 돈을 낸 공양자 얼굴을 담았으리라는 추측도 있다.

흔히 철불은 손 부분이 사라지고 없다. 공정이 워낙 어려워 나무로 제조해 붙였기 때문이다. 그 위에 옻칠을 하고 금박을 입혀 불상을 완성한다. 그러나 역시 걸작인 철조비로자나불좌상은 드물게 손이 남아 있다. 단정한 얼굴, 안정감 있는 자세, 표면에 이음매가 보이지 않는 뛰어난 주조 기술 등에서 통일신라 불상의 전통을 엿볼 수 있다.

경북 경주시 남산 삼릉곡에서 발견된 석조약사불좌상은 불상과 함께 불상 뒷부분 광배와 불상이 앉아 있는 대좌 등 한 세트가 완전해 보존 상태가 양호하다. 통통한 얼굴과 얌전하게 흘러내린 계단식 옷 주름 등은 8세기 불상의 특징이지만 엄숙한 표정, 화려한 장식의 광배와 대좌 등은 9세기 형식이다.

13~14세기에 제작됐을 청동소탑(공양탑)은 사리와 함께 탑에 넣거나 전각 내부에 안치한 것으로 보인다. 문과 창호, 난간과 기둥, 지붕과 마루 등 건축 구조가 세밀하다. 목탑이나 석탑을 재현해 황룡사탑 등 중세 탑 형식을 유추할 수 있는 유물이다.

13세기에 만들어진 금동관음보살좌상은 갸름한 얼굴에 화려한 장식으로 뒤덮인 신체가 잘 묘사돼 있다. 잘록한 허리에 오른쪽 무릎을 세우고 그 위에 오른팔을 자연스럽게 올려놓은 뒤 왼손으로 바닥을 짚은 관능적 자세가 이국적이다.

명품 유물 중 수량이 가장 많은 유물은 자기다. 수량으로 절반이 넘으며 그 가운데서도 청자가 압도적이다. 12세기 청자상감운학문매병은 부드러운 선 처리와 단정한 형태, 시원스럽게 펼쳐진 무늬, 비색 유약 등 어느 하나 흠잡을 데 없는 고

금동관음보살좌상.
국립중앙박물관 소장

청자상감운학문매병.
국립중앙박물관 소장

청화백자운룡문 항아리.
국립중앙박물관 소장

려청자의 명품 중 명품이다.

청자 용머리 장식 붓꽂이는 용머리, 꽃 등 조각과 비늘, 파도 등 무늬가 절묘하게 표현됐고 색깔도 우수해 최정상급 청자로 분류되지만 역시 아직 국가문화재가 아니다.

조선시대 자기 중에서는 청화백자운룡문 항아리가 독보적이다. 다수의 동종 항아리 중 국립중앙박물관 소장품을 으뜸으로 친다. 18세기 후반에 만들어진 것으로 보이며 당초무늬 등 온갖 문양에 구름 속을 헤엄치듯 너울거리는 용을 복잡한 세부까지 정성스럽게 그리고 칠한 흔적은 궁중 대소사에 사용할 만한 품격을 보여 준다.

아울러 연천 전곡리 주먹도끼, 비파형·세형 청동검, 마제석검, 빗살무늬토기 등 국사 교과서에서 볼 수 있는 석기류와 청동기 유물도 국가문화재 명단에 들어 있지 않다. 그러면 이 유물들이 국보로 지정되지 않은 이유는 뭘까? 일제는 '조선보물고적명승 천연기념물 보존령'에 근거해 보물을 정했다. 이어 우리 정부는 1955년 이를 국보로 명칭을 바꾼 뒤 1962년 문화재보호법이 제정 공포되면서 116점을 국보 목록에 올렸다.

국보는 보물 중에서 역사·학술·예술·기술적 가치가 큰 것을 지정한다. 보물은 유형문화재 중 역사· 학술·예술·기술적 가치가 큰 것을 뽑으며 1815호까지 지정됐다. 국보와 보물 지정은 관리상 편의를 위해서일 뿐 문화재 가치를 결정하는 기준은 아니다. 국립중앙박물관은 여기에 근거해 앞서 나열된 유산들이 모두 국가 소유이며, 잘 보존되고 있어 굳이 국가문화재로 분류할 필요성을 느끼지 않는다고 한다. 실제 국보나 보물은 사찰 등 민간 소유가 많다. 그러나 국보나 보물 등의 이름을 붙이면 아무래도 훨씬 알기 쉽다. 소중한 문화재를 좀 더 친숙하게 느낄 수 있도록 국가문화재 지정을 지속적으로 확대해 나가는 게 맞다.

참고문헌

1. 도서

《개성의 문화유적 보고서》, 국립문화재연구소, 2013

《경주 첨성대 실측 훼손도 평가 조사보고서》, 국립문화재연구소, 2009

《국립중앙박물관 소장 중앙아시아 종교회화》, 국립중앙박물관, 2013

《영주 강동리 마애암 조사보고서》, 경북문화재연구소, 2002

《우리나라 전통문화 외전》, 국립문화재연구소 2013

《조선왕조실록 밀랍본 복원기술 연구보고서》, 국립문화재연구소, 2013

강종훈, 《신라상고사연구》, 서울대학교출판부, 2000

국립고궁박물관 엮음, 《창덕궁 깊이 읽기》, 글항아리, 2012

조기영 편역, 《화랑세기》, 장락, 1997

노태돈, 《단군과 고조선사》, 사계절, 2000

박은몽, 《신라를 뒤흔든 12가지 연애스캔들》, 랜덤하우스코리아, 2009

엄기표, 《정말 거기에 백제가 있었을까》, 고래실, 2004

이덕일, 《한국사 그들이 숨긴 진실》, 위즈덤하우스, 2009

이덕일·김병기, 《우리 역사의 수수께끼》(전 3권), 김영사, 2004

이도학, 《살아있는 백제사》, 휴머니스트, 2003

정수일, 《한국 속의 세계》(상·하), 창비, 2005

조흥국, 《한국과 동남아시아의 교류사》, 소나무, 2009

황원갑, 《한국사 여걸 열전》, 바움, 2008

2. 논문

김규운·김준식, 〈한반도 전방후원분과 왜계석실의 분포유형 검토〉, 《한국상고사학보》 제70호,
　　한국상고사학회, 2010

김민규, 〈경복궁 석조조형물의 조영시대·명칭·상징성의 규명〉, '경복궁 석조조형물 학술연구
　　및 보존관리방안' 국제학술심포지엄 자료, 2004

김재범, 〈백제의 정체성 변화와 천도〉, 한국고대사학회 134회 정기발표회 논문, 2013

김지영, 〈경복궁 석조조형물의 보존과학적 조사〉, '경복궁 석조조형물 학술연구 및 보존관리방
　　안' 국제학술심포지엄 자료, 2004

박정혜·이용희, 〈고려시대 칠기에 나타난 묘금기법 연구〉, 《박물관보존과학》 제14집, 국립중앙
　　박물관, 2013

백승충, 〈'임나일본부'의 파견 주체 재론 : 백제 및 제왜 파견설에 대한 비판적 검토를 중심으
　　로〉, 《한국민족문화》 37, 부산대학교 한국민족문화연구소, 2010

신희권, 〈한성백제 왕궁의 구조와 풍납토성〉, 쟁점백제사 집중토론 학술회의 발표논문, 한성백
　　제박물관, 2013

여호규, 〈백제 한성의 실체와 몽촌토성〉, 쟁점백제사 집중토론 학술회의 발표논문, 한성백제박
　　물관, 2013

이규리, 〈19세기 기전지역의 왕실불사〉, 《천태학연구》 제10집, 대한불교천태종 원각불교사상
　　연구원, 2007

이도학, 〈백제 왕궁과 풍납동토성〉, 쟁점백제사 집중토론 학술회의 발표논문, 한성백제박물관,
　　2013

이형규, 〈한성백제 왕도 연구 현황과 과제〉, 쟁점백제사 집중토론 학술회의 발표논문, 한성백제
　　박물관, 2013

이혜원, 〈경복궁의 영역별 석물배치 원리〉, '경복궁 석조조형물 학술연구 및 보존관리방안' 국
　　제학술심포지엄 자료, 2004

임영진, 〈호남지역 삼국시대 고고학의 연구 성과와 과제〉, 《호남고고학보》 제45집, 호남고고학
　　회, 2013

장활식, 〈경주첨성대의 파손과 잘못된 복구〉, 《문화재》 제45권 제2호, 국립문화재연구소, 2012

정성권, 〈경복궁 석조조형물의 시대사적 배경〉, '경복궁 석조조형물 학술연구 및 보존관리방안'
　　국제학술심포지엄 자료, 2004

정치영, 〈조선시대 사대부들의 유람여행〉, 한국학중앙연구원 장서각, 2013

주보돈, 《《일본서기》의 편찬 배경과 임나일본부설의 성립〉, 《한국고대사연구》 제15집, 서경문
　　화사, 1999

홍보식, 〈한반도 남부지역의 왜계 요소 : 기원후 3~6세기대를 중심으로〉, 《한국고대사연구》 제
　　44집, 서경문화사, 2006